LA

RÉVOLUTION

DU 24 FÉVRIER.

Imp. de Gustave Gratiot, 11, rue de la Monnaie.

LA

RÉVOLUTION

DU 24 FÉVRIER

PAR

M. DUNOYER,

CONSEILLER D'ÉTAT, MEMBRE DE L'INSTITUT.

PARIS

GUILLAUMIN ET Cie, LIBRAIRES

Editeurs du *Dictionnaire du Commerce et des Marchandises*, du *Journal des Économistes*, de la *Collection des principaux Économistes*, etc.

14, RUE RICHELIEU.

1849

TABLE DES MATIÈRES.

AVANT-PROPOS.

Le travail que renferme ce volume porte sur les faits qui se sont accomplis au milieu de nous, de l'insurrection de février 1848 à celle de juin 1849.

L'objet que je m'y propose est moins de raconter ces faits et d'écrire une sorte d'histoire de la révolution, que de tâcher de la faire comprendre; d'en exposer clairement la nature, les effets, les causes, et surtout, en en déterminant les causes avec autant de justesse et de netteté qu'il a dépendu de moi, de contribuer, si je le puis, à donner une direction éclairée et efficace aux louables efforts que la population qui l'a si douloureusement subie fait, depuis quinze mois, pour la régler, la réduire, et, au besoin, la réprimer.

J'espère que ce que l'ouvrage peut contenir de jugements sévères à l'adresse du grand désordre public qui en fait le sujet, n'étonnera personne, ou du moins n'étonnera aucune des personnes de qui je puis avoir l'honneur d'être un peu connu.

Depuis trente-cinq ans passés que j'use, comme écrivain, du droit que nous avons tous de participer à la discussion des intérêts qui nous sont communs, notre malheureux pays a eu à traverser bien des crises de l'ordre de celle dont je m'occupe. Je ne me suis jamais refusé la satisfaction de conscience de dire, en termes simples mais énergiques, l'impression que ces événements me faisaient éprouver.

Le 19 mars 1815, lorsque l'insurrection militaire qui ramenait l'empereur de l'île d'Elbe était déjà à Fontainebleau et s'avançait comme un torrent sur Paris, je poursuivais avec chaleur devant les tribunaux des journaux légitimistes qui nous avaient accusés, M. Comte et moi, d'être les complices de cette damnable entreprise, et les juges, plus embarrassés que nous de cette poursuite, ajournaient prudemment toute décision.

Plus tard, et quand l'Empire, momentanément restauré, était dans la plénitude de sa puissance, vers l'époque du Champ-de-Mai, on voulut savoir quelle suite nous entendions donner à notre plainte contre les journaux qui nous avaient taxés de complicité avec les auteurs du 20 mars. Je répondis au juge que le succès de cette révolution n'en changeait point à nos yeux le caractère et que nous persistions à déclarer calomniateurs ceux qui nous avaient accusés de la favoriser.

A une époque plus rapprochée de quinze ans de celle où j'écris ceci, le 26 juillet 1830, informé par un ami du hardi coup d'État que venait de frapper le ministère Polignac, je quittai immédiatement ma femme, mes enfants, mes livres, une existence douce et aisée, et, par un double sentiment de fidélité au chef de l'État et de respect pour les institutions établies, j'allai, sans prendre conseil de personne, et quand rien encore ne bougeait, souscrire dans plusieurs journaux l'engagement, *sous peine de la vie*, *de ne payer aucune contribution jusqu'à ce que j'eusse vu rapporter les ordonnances monstrueuses consignées au Moniteur, ordonnances*, écrivais-je, *subversives de nos lois les plus fondamentales, et violemment attentatoires à l'honneur du roi et à la sûreté du trône*[1].

Enfin, condamné, il y a seize mois, à voir une nouvelle entreprise révolutionnaire, plus coupable encore que celles que je viens de rappeler, et ayant eu, le 24 février, la douleur d'assister, à la Chambre

[1] Il faut distinguer de la très légitime et très louable résistance qui fut opposée en juillet 1830 à l'entreprise révolutionnaire du ministère Polignac, celle qui fut continuée, après la défaite du ministère et l'abdication du roi, contre l'ancienne monarchie. Celle-ci était moins nécessaire et moins légitime, il faut bien l'avouer. Je m'en expliquerai dans le dernier livre de l'ouvrage.

des députés, à la scène où cette révolution s'était accomplie, je ne pus prendre sur moi de laisser ignorer à ses auteurs ce que m'avait fait éprouver *le spectacle odieux* dont ils m'avaient rendu témoin, et, m'adressant par écrit à celui d'entre eux qui me paraissait politiquement le plus considérable et le plus regrettablement affiché, je leur fis connaître *que je refusais toute adhésion au régime qu'ils venaient d'établir*, et que, *lié régulièrement à un autre ordre politique, je ne me tiendrais pour valablement libéré que lorsque la nation française, revenue d'une première émotion, et loyalement consultée, aurait manifesté son vœu, dans une liberté véritable.*

Il n'y a donc dans les sentiments de répulsion contre la révolution de février, qui ont pu se trahir dans les pages qui suivent, rien qui ne soit parfaitement d'accord avec les faits de toute ma vie, et rien même que je n'eusse déjà manifesté, dès les premiers moments de cette révolution, en m'adressant directement à ses chefs, et en m'efforçant d'ailleurs de rendre ma protestation publique[1].

Et non seulement ces sentiments s'expliquent par

[1] Je publie à la fin du volume, sous forme de pièces justificatives, la lettre que j'adressai le 4 mars 1848 à l'un de nos journaux les plus considérables et les plus honorablement accrédités, en lui transmettant, pour qu'il voulût bien la rendre publique, celle que j'avais écrite le 29 février à M. de Lamartine, touchant la ré-

la suite de faits apologétiques que je viens de me permettre de rappeler, mais ils s'expliquent surtout par les considérations réfléchies qui à cet égard avaient déterminé de tout temps ma conduite. J'avais, en effet, depuis longues années, cette conviction, et tous mes écrits en ont rendu témoignage, que les révolutions, expédient détestable à peu près partout, sont particulièrement inexcusables dans les pays de discussion et de publicité, où les amis des bonnes réformes, pour peu qu'ils soient nombreux et qu'ils aient de valeur, sont sûrs de faire prévaloir de plus en plus l'autorité des idées raisonnables, et où les idées nouvelles vraiment dignes de faveur se voient presque toujours accueillies par les pouvoirs publics même avant d'avoir rigoureusement le droit de l'être, c'est-à-dire avant d'avoir acquis une véritable majorité.

J'ajoute que lorsque la révolution de février est venue nous surprendre, cette conviction, que les révolutions sont une détestable manière d'accélérer la marche d'un pays, me paraissait vraie surtout appliquée à la France. Je considérais ce qu'elle avait fait

volution qui venait de s'accomplir, et en faisant suivre cette communication de remarques sur la république et sur la royauté déchue, dont je sollicitais également l'impression. L'honorable éditeur du journal dont il s'agit ne jugea pas qu'il fût possible de déférer à ma demande.

de progrès réels, tout ce qu'elle en pourrait faire, quand elle voudrait, sans sortir des voies régulières, sans compromettre le moins du monde son repos; et l'esprit révolutionnaire, haïssable partout, me paraissait avoir acquis chez nous des droits incontestables à une haine de prédilection et à une répulsion toute spéciale.

Et qui eût pu croire, en effet, qu'après soixante ans de révolution, après trente-quatre ans de vie parlementaire, et avec tous les moyens que possédait le pays d'avoir raison par la raison des abus dont il croirait avoir sujet de se plaindre, on le jugerait assez peu avancé pour croire qu'il ne pouvait se passer de recourir encore à la force, et on le pousserait à une révolution de plus? C'était lui faire la plus grave des insultes; et, au surplus, le pays, depuis quinze mois, semble avoir pris à tâche de montrer aux révolutionnaires à quel point l'insulte était gratuite; car il leur prouve tous les jours que, pour les réprimer eux-mêmes, il n'a nul besoin de recourir à des procédés violents, qu'il lui suffit pour cela de scrutins, de votes, de simples *assis* et *levés ;* et il n'a recours, en effet, à des expédients plus sévères, que lorsque les perturbateurs, cédant aux instincts brutaux qui les poussent sans cesse à vouloir faire prédominer leur sentiment par la force, il se voit lui-même forcé, pour les ramener à la règle, d'user de moyens plus rigoureux, et de les traiter comme les hommes violents ont trop souvent besoin de l'être.

L'événement montre ainsi à quel point était inutile et inopportune cette intervention nouvelle de la révolution dans nos affaires, et il justifie le sentiment d'indignation que m'a fait éprouver, dès les premiers moments, ainsi qu'à tant d'autres, cette apparition sauvage et tout à fait inattendue.

J'ajoute que ce sentiment a dû devenir plus vif, et a été plus légitime encore lorsqu'on a été conduit à reconnaître que la révolution, appelée soi-disant pour procéder à la réforme de certains abus, n'avait en réalité pour objet que de supplanter les pouvoirs établis, et que c'était pour des fins purement personnelles qu'on n'avait pas hésité à tout bouleverser au milieu de nous.

Il y avait ainsi bien des causes pour que la révolution m'inspirât une profonde aversion. Élevé, en quelque sorte, depuis plus de trente ans, dans la haine de l'esprit révolutionnaire ; disposé par quelques actes courageux, par de longues études, par la meilleure portion de mes écrits, par toute une suite d'engagements pris avec moi-même, à résister à ce détestable esprit, j'étais préparé peut-être à sentir plus vivement qu'un autre les côtés odieux de la révolution, à mieux comprendre combien elle était oiseuse, combien peu elle était susceptible d'être honorablement expliquée, ce qu'il y avait d'extravagant et d'immoral dans ses principes, à quel point ses résultats allaient être inévitablement désastreux, et j'ai été graduellement entraîné à la considérer comme une des plus détestables actions politiques qui eût été commise parmi nous depuis longtemps, et peut-être en aucun temps.

Il serait donc difficile, on le conçoit, que le travail qu'on va lire ne se ressentît pas un peu de la nature des impressions et des jugements sous l'influence desquels il a été écrit. Et, néanmoins, je n'ai eu garde, on le reconnaîtra j'espère, de me laisser aller à une aveugle passion. Il s'est moins agi pour moi d'accuser la révolution, de l'apostropher, de la qualifier durement, que de la bien faire comprendre, que de donner une idée juste et claire des causes qui l'ont amenée, que de mettre à nu surtout les travers sur lesquels s'appuie parmi nous l'esprit révolutionnaire. J'ai voulu indiquer à la conscience publique, devenue hostile à cet esprit, et qui voudrait, s'il se pouvait, ne plus voir reparaître au milieu de nous aucun de ces hideux et sanglants désordres, de ces désordres humiliants et ruineux qu'on appelle révolution, comment et de quel côté elle devait pour cela diriger ses efforts.

C'était bien là, je crois, la chose essentielle. C'est au moins celle dont la nécessité m'a le plus vivement frappé. Il est d'autant plus urgent de s'expliquer sur les causes de la révolution qu'on pourrait se demander si ces causes sont comprises de tous ceux qui ont l'air de la combattre. Je ne sais pas bien si certains hommes d'ordre sont ennemis de la révolution et des causes qui l'ont amenée, ou ennemis seulement des révolutionnaires qui l'ont faite, et qui se seraient donné le tort grave de les supplanter. Au moins me paraît-il que ces prétendus hommes d'ordre soutiennent des principes, et travaillent à affermir et à aggraver encore des abus que je crois, pour ma part, essentiellement révolutionnaires. Peut-être, même, abusent-ils un peu pour cela de la difficulté de la situation où nous nous trouvons, et spéculent-ils sur l'accord forcé que nous sommes obligés de nous imposer pour rester en mesure de nous défendre. Il me paraît tout à fait désirable que les choses sortent à cet égard de l'état équivoque et obscur où on semble s'efforcer de les retenir, et que ceux qui combattent franchement l'esprit révolutionnaire sachent enfin où sont, au vrai, leurs amis et leurs ennemis.

Peut-être ce travail pourra-t-il leur aider à les reconnaître, et commencera-t-il à faire entrer la lumière dans une situation qui a grand besoin de s'éclaircir.

LIVRE PREMIER.

Le fait même de la révolution.

Il existait en France, il y a à peine seize mois, un gouvernement qui passait, quoique d'une date peu ancienne encore, pour un des mieux et des plus fermement assis qu'il y eût en Europe. Cet établissement politique était en possession de tout ce qui est vulgairement regardé comme propre à constituer un gouvernement fort. Il s'appuyait sur une nombreuse majorité parlementaire. Il disposait d'un budget de quinze cents millions. Il avait sous sa main une armée exercée, disciplinée, aguerrie de près de quatre cent mille hommes, dont une portion notable, concentrée à Paris et dans les forts qui l'entourent, pouvait, à un moment donné, être rapidement dirigée sur tel point de la ville où viendrait à éclater quelque grand désordre. A cette armée puissante s'en joignait une seconde plus nombreuse encore d'administrateurs et de fonctionnaires civils de tous les ordres qui enveloppait lé territoire comme d'un réseau. Enfin l'ensemble de ces forces matérielles, décuplé, ce semble, par l'esprit d'unité qui en avait dirigé la formation, puisait dans cette unité même et dans ce que nous désignons en France par le nom de centralisation, un ascendant qui est regardé chez nous comme quelque chose d'irrésistible. Ajoutons que cet établissement, conduit par un chef tenu pour habile et ferme, sorti toujours victorieux, à la tribune et dans la rue, des luttes violentes qu'il avait eues à soutenir contre l'esprit de faction, consacré par une possession de dix-huit années, dont les huit ou neuf dernières avaient été relativement paisibles, accepté même temporairement par ses ennemis avec une sorte de résignation, et destiné, aux yeux des plus ardents, à durer au moins autant que la vie de son chef, ne semblait, à l'approche de ses derniers moments, et le 23 février encore, courir aucun danger vraiment sérieux, et que sa chute, arrivée il y a seize mois, demeure pour le plus grand nombre des esprits, tant on y était peu préparé, tant elle a été imprévue et soudaine, un sujet permanent de stupéfaction, et est universellement regardée comme un des faits les plus singuliers qu'ait jamais présentés l'histoire.

Un jour, un moment, un souffle a tout détruit, ou du moins a tout semblé détruire. Le gouvernement, le grand et puissant gouvernement de Juillet, culbuté à Paris en quelques heures, et n'essayant de se rallier nulle part, faute, sans doute, de voir hors de Paris, grâce à notre organisation administrative et à notre centralisation tant vantées, aucun point où l'on pût prendre l'initiative de quelque résistance, rien qui eût l'air d'une force et qui présentât l'ombre d'un appui, a tout à coup disparu du pays sans y laisser de son autorité la moindre trace; et telles ont été la surprise, l'émotion, l'épouvante de l'Europe que la révolution accomplie à Paris, et par cela même dans toute la France, s'est propagée, comme la flamme d'une traînée de poudre, de Paris à Berlin, à Vienne, à Munich, à Milan, et, sans que nous eussions rien à faire pour cela, de française, ou même de simplement parisienne qu'elle était, est devenue presque subitement européenne.

Comment ce prodige s'est-il accompli? Quelle irrésistible force a produit tout à coup des effets si foudroyants et si vastes? Et, pour nous restreindre, dans cette recherche, au fait principal, à la catastrophe qui a déterminé toutes les autres, pour réduire ici la question au fait qui ne regarde que nous, comment est-il arrivé que notre gouvernement ait disparu, ainsi qu'il l'a fait, devant une émeute qui n'avait pas même été tentée avec l'espoir, que dis-je? avec la pensée de le détruire? qui ne croyait pas cette pensée susceptible encore d'être réalisée? Le fait a été si extraordinaire qu'il ne paraissait pas intelligible, même à ceux qui en avaient été les témoins ou les acteurs, et que, sans chercher à en pénétrer les causes, en se bornant à le considérer en lui-même et seulement par son côté matériel, on ne parvenait point à s'en rendre compte. Chacun interrogeait ses souvenirs; on se demandait ce qui s'était passé, quelle défaite avait subie le gouvernement, quelle victoire avaient remportée ses adversaires? On cherchait, avec une curiosité impatiente et irritée, dans les récits les plus favorables aux émeutiers vainqueurs, quelque chose qui pût expliquer tant soit peu raisonnablement leur prodigieux triomphe. On cherchait, hélas! bien en vain. Ni alors, ni depuis n'ont été découverts dans ces tristes journées de février, qu'aucun historien, à coup sûr, ne sera tenté de qualifier de glorieuses, ni bataille, ni combat qui en puissent expliquer le dénouement plus qu'étrange, et, avec quelque faste qu'en aient longtemps parlé les triomphateurs, on peut hardiment les défier de le rattacher à un fait d'armes quelconque dont le monde sache le nom. Voici, en effet, tout ce qu'on découvre en se livrant à l'examen attentif et circonstancié des événements de ces trois jours, dont le résultat a été à la fois si subit, si inattendu et paraît encore si inexplicable.

Le premier jour, le 22 février, des rassemblements sur des points nombreux, des promenades ou, si l'on veut, des mouvements, sans dessein apparent bien déterminé, vers la Chambre des députés, la place de la Concorde, les Champs-Élysées, la Madeleine. Quelques tentatives de barricades dans divers quartiers. Des postes isolés, de quelques hommes, désarmés par des bandes nombreuses. L'un de ces postes pris et brûlé, aux Champs-Élysées. Quelques boutiques d'armuriers pillées. Quelques coups de fusils échangés entre des gardes municipaux et des émeutiers au centre de la ville, et, dans la rue Beaubourg notamment, une tentative pour enlever à la garde municipale quelques prisonniers, qu'elle conserve après un échange de plusieurs coups de fusil avec les assaillants. C'est le seul engagement de la journée qui ait un caractère meurtrier. La troupe a eu à faire diverses charges pour dissiper les rassemblements, mais sans être obligée de se servir de ses armes, et surtout de ses armes à feu. A l'arrivée de la nuit, tout rentre dans l'ordre sur les points qui avaient été le plus agités durant le jour.

Seulement, vers les huit heures, des rassemblements nombreux dans le quartier Poissonnière et à la porte Saint-Denis paraissent assez dignes d'attention pour qu'une batterie d'artillerie, placée au centre d'un carré de troupes, doive s'installer sur le boulevard Poissonnière et y bivouaquer toute la nuit. En somme, la journée s'est passée sans luttes violentes. La nuit, une vive agitation se manifeste dans le quartier des Halles et au Marais.

On s'attendait pour le lendemain à des collisions plus sérieuses. Des dispositions furent prises qui paraissaient avoir pour objet de tenir libres les quais jusqu'à l'Hôtel de Ville, la rue de Rivoli, la rue Saint-Honoré jusqu'aux halles, le boulevard jusqu'à la porte Saint-Denis, et, par la rue Saint-Denis, la communication du boulevard avec les quais et les halles. Le Carrousel et le jardin du Palais-Royal furent interceptés. On occupa fortement la place Vendôme et la place des Victoires. De nombreux détachements de troupes furent distribués sur divers points, notamment sur le boulevard au bas de la rue Poissonnière, aux approches de la porte Saint-Denis, et dans le quartier des Halles. Les abords de la Chambre des députés furent gardés. Aux Champs-Élysées étaient réunis des réserves importantes d'infanterie et de cavalerie. De fortes patrouilles enfin sillonnaient les quartiers du centre. Ces précautions paraissaient plus que suffisantes pour parer aux éventualités de la journée; et, dans le cours de la journée, en effet, il ne fut rien tenté qui exigeât des répressions bien vigoureuses. Il y eut cependant, dans les quartiers du centre, des barricades formées sur un assez grand nombre de points, à l'entrée de la rue des Prouvaires, dans les rues de Cléry, Poissonnière, du Petit-Carreau, Bourbon-Villeneuve, et notamment dans les rues qui traversent la rue Saint-Denis, aux points où elles débouchent dans cette voie de circulation importante. Mais beaucoup de ces barricades n'étaient pas même gardées, et, sur aucun point, elles ne furent sérieusement défendues. La fusillade s'engagea, sans se soutenir, en divers endroits, rue de Cléry, rue du Petit-Carreau, vers la rue Meslay, dans le quartier du Temple, dans la rue de Rambuteau, et elle n'eut que des suites peu graves. Il y eut des blessés sur divers points, mais presque point de tués. Les relations que j'ai lues ne font mention que de trois ou de quatre. L'excellente garde municipale de Paris, qui, en sa qualité même de garde municipale, se trouvait naturellement chargée du maintien de l'ordre et de la sûreté dans la ville, et à qui la portion active de la lutte avait été spécialement dévolue, ne perdit pas, dans les deux journées, un seul homme[1]. Ce qu'offrirent de plus triste et de plus inquiétant les manifestations de la matinée, ce furent les sympathies de la garde nationale pour l'émeute. Elle souffrit, sur un certain nombre de points, que les séditieux prissent position derrière elle; elle couvrit leurs cris de sa protection; elle s'y associa du mieux qu'elle pût; elle fut les faire entendre rue de Rivoli, sous les fenêtres du château, précédée et suivie d'une

[1] J'ai sous les yeux un relevé fait au ministère de la guerre des pertes que la garde municipale a essuyées dans les journées de février. Toutes ses pertes sont du dernier jour, du 24.

foule ameutée ; bien plus, elle se montra deux fois (place des Petits-Pères) disposée à résister à ce que la troupe tenterait de faire pour les réprimer. Et néanmoins il ne semblait pas qu'il y eût d'exaspération dans les âmes. Ni la garde nationale, ni même l'émeute ne paraissaient préoccupées d'idées de renversement ; et sitôt qu'on fut informé que le roi renvoyait ses ministres, vers les deux heures de l'après-midi, tout changea immédiatement d'aspect ; le ressort de la sédition sembla se détendre ; la lutte cessa ; et telle était la sécurité du gouvernement que l'ordre fut donné de faire rentrer les troupes et qu'on renvoya à Vincennes les prolonges de l'artillerie. Ainsi, dans la matinée du 23 février, pas plus que dans la journée du 22, nul fait d'armes, nul succès militaire de l'émeute, je ne dirai pas qui explique, mais qui fasse pressentir le moins du monde l'événement immense qui va s'accomplir. J'omets à dessein de mentionner le sinistre événement du soir, qu'il est impossible de séparer des faits du lendemain 24, et à la suite duquel commence immédiatement, dans le drame que nous exposons, quelque chose de tout nouveau.

Journée du 24. Voyant que les événements tournaient à la paix, dans l'après-midi du 23, les principaux fauteurs du mouvement insurrectionnel avaient senti qu'il était urgent de le ranimer et de lui imprimer un caractère plus énergique. La partie la plus redoutable de l'insurrection, les affiliés des sociétés secrètes, leurs membres surtout les plus dangereux, convoqués à Paris de tous les points du royaume, y étaient déjà arrivés au nombre de plusieurs milliers. Ils n'avaient pas donné encore, ou du moins ils n'avaient pris qu'une part très faible à l'œuvre de subversion qu'on avait entreprise et qui menaçait d'avorter misérablement. L'heure était donc venue de les engager dans la lutte. Mais comment justifier, quand satisfaction venait d'être donnée, et que tout semblait près de finir, une soudaine recrudescence de la sédition ? Il fallait un fait sur lequel la partie honnête et sincère du public opposant pût aisément prendre le change, et qui, loin de lui donner l'éveil, fût de nature à l'engager plus avant et avec plus de passion dans les desseins de l'émeute. On sait de quoi l'on s'avisa et par quel infâme coup de Jarnac fut marquée l'entrée en scène des nouveaux acteurs. Le succès de leur ruse fut complet, et l'émotion publique répondit, autant qu'ils le pouvaient souhaiter, à l'exécution meurtrière qu'ils avaient eu l'art de provoquer sur le boulevard. L'événement d'ailleurs, il faut le reconnaître, fut habilement et vigoureusement exploité. La nuit, employée par tout ce qu'il y avait de plus violent parmi les insurgés à soulever la capitale, fut employée par une partie de sa population, abominablement dupée, à dresser des barricades, à préparer des moyens de défense, et le 24, à l'aube du jour, des masses compactes d'émeutiers, dont la plupart donnaient les signes d'une violente exaltation, se trouvaient réunies aux approches de la porte Saint-Denis, où avaient été préparés des moyens de résistance considérables... Veut-on que j'arrive tout d'un coup à l'issue de ce mouvement, préparé avec une habileté si infernale ? Je dirai que, moins de huit heures après, la nouvelle émeute était devenue une révolution, et qu'elle entrait triomphante au palais des Tuileries. Mais comment y arrivait-elle? Quelle bataille avait-elle livrée? Quelle armée avait-elle détruite? Elle n'avait ni livré de bataille, ni détruit d'armée. Des forces considérables, marchant en colonnes serrées, avaient été envoyées à sa rencontre; mais, avant même qu'elles eussent agi, le gouvernement avait fait savoir qu'il renonçait à l'emploi des troupes, qu'il s'en remettait, pour la police de la ville et pour sa propre sûreté, au zèle de la garde nationale; et les troupes, en effet, comme si on avait voulu livrer passage à l'émeute, avaient été retirées presque aussitôt qu'envoyées. Ce que voyant, et se sentant animée à ce spectacle d'un surcroît d'excitation d'autant plus grand que le péril devenait moindre, l'émeute a marché vaillamment sur les Tuileries, où elle est entrée au bout de peu d'heures, et où, à la rigueur, elle aurait pu arriver sans coup férir. Seulement, croyant avoir besoin, pour rendre son invasion plus facile, de laisser éclater sur son passage le bouillant courage qui l'emportait, elle a imaginé, chemin faisant, de se ruer avec toutes ses forces, sur le poste qu'occupait au Château-d'Eau, place du Palais-Royal, un détachement de gardes municipaux et de soldats du 14e de ligne, et, après avoir fraternisé avec la troupe qui occupait les cours du palais, et s'être établie dans la cour d'honneur, en face du poste qu'elle voulait prendre, elle s'est mise en devoir de l'assiéger, bientôt après d'y mettre le feu, et elle a fini par s'en emparer, après y avoir tué, asphyxié ou pris un certain nombre d'hommes. Mais, sans ce combat, ignoble à force d'être inégal, et où il n'y a eu, de toute manière, d'honneur que pour les vaincus; sans ce combat, dont les chefs de l'émeute se seraient sans doute épargné la honte, s'ils n'avaient cru en avoir besoin pour entretenir au château une certaine émotion et y faciliter le travail de l'abdication et du départ du roi, elle y serait, je le répète, entrée sans tirer un coup de fusil; et j'ajoute que le roi étant parti, quand elle y est arrivée, et les troupes qui défendaient l'approche de la demeure royale s'étant également retirées, elle a pu y pénétrer, en effet, sans éprouver de résistance d'aucune espèce. J'ajoute encore que, bientôt après, elle n'a pas eu plus de peine à envahir la Chambre qu'elle n'en avait eu à s'emparer du palais du roi; qu'elle a pu passer sans la moindre difficulté au travers des troupes qui couvraient la place de la Concorde; que sa seule prouesse de ce côté a été d'exterminer, sans plus de nécessité que de péril, un poste de quelques gardes municipaux, qui stationnait dans l'un des angles de la place, à l'entrée de la rue des Champs-Élysées, et qu'elle est arrivée au sein de la représentation nationale sans avoir rencontré l'apparence d'un obstacle sur son chemin. Pour donner, au surplus, une idée des efforts qu'elle a eus à faire, et que la victoire a couronnés, il suffit de dire qu'il n'a pas été tiré contre elle un coup de canon, et que la garde municipale, sur qui s'est épuisée sa fureur, et la seule troupe à peu près avec qui elle ait eu affaire, a eu seulement onze hommes tués, cinq blessés à mort qui ont succombé à leurs blessures, et trente blessés moins grièvement : en tout quarante-six hommes atteints[1].

[1] Je puise ces détails dans le relevé fait au ministère de la guerre que j'ai cité plus haut (Voir la note de la page 6).

Il n'est donc pas de bonne volonté qui pût découvrir dans les succès militaires obtenus par la sédition le 24 février une explication tant soit peu raisonnable du dénouement lamentable de cette journée. Il n'y a, quoi qu'on fasse, aucun moyen de donner à ce dénouement une interprétation le moins du monde héroïque. Les faits résistent obstinément. On ne saurait apercevoir de victoire où il n'y a pas même eu de bataille, et il n'y a point eu ici de bataille. L'émeute, en réalité, n'a eu qu'à marcher devant elle ; et, quelque bruit qu'elle ait fait de son triomphe, il saute aux yeux que, pour le comprendre, il faut à peine regarder de son côté.

Malheureusement, en donnant une autre direction à ses regards, en les tournant du côté des pouvoirs publics et de tout ce qui aurait dû opposer une vigoureuse résistance à la sédition, on fait des découvertes fort tristes, il est vrai, mais beaucoup plus explicatives.

Et d'abord la première chose qui frappe, c'est l'excès de sécurité et de foi en sa durée dans lequel vivait le gouvernement. Il s'était visiblement laissé gagner par cette espèce d'infatuation bien connue qui résulte d'une longue possession paisible du pouvoir ; et, resté neuf ans sans avoir eu à réprimer d'agression matérielle, il semblait ne plus croire qu'il pût avoir de ce côté de péril sérieux à redouter. On pourrait même dire que sa confiance à cet égard était sans bornes, et citer plus d'un fait caractéristique à l'appui de cette assertion. Le lundi 21 février, trois jours avant sa chute, l'un des ministres les plus spécialement chargés de veiller à sa sûreté, s'étonnait devant des députés de la majorité, un peu troublés de ce qui se passait, qu'ils pussent concevoir pour la stabilité du pouvoir la moindre inquiétude, et, les qualifiant gaiement d'alarmistes, il les engageait à dîner pour le jeudi suivant, où le gouvernement de Juillet devait avoir cessé d'exister. Le mardi, quoique la réforme parlementaire fût le prétexte invoqué par la sédition et que sa colère dût se diriger surtout contre la Chambre, aucune précaution n'avait été prise pour en interdire l'accès aux émeutiers, qui purent, dès le début du soulèvement, y pénétrer sans obstacles et se répandre dans l'intérieur des salles et des bureaux. Le mercredi, après la démission des ministres, le gouvernement, je l'ai déjà dit, était dans un tel état de sécurité, qu'il faisait rentrer les troupes et qu'il renvoyait à Vincennes une partie du matériel indispensable au service de l'artillerie. Le jeudi matin, on était sans la moindre inquiétude à l'état-major général de la place, jusqu'aux premières nouvelles qu'y fit parvenir de l'état de la sédition l'officier général envoyé pour la combattre. Le roi lui-même ne paraissait pas en éprouver encore, lorsqu'on vint lui apprendre que l'émeute tournait à la révolution, et que son abdication était devenue indispensable. En abdiquant pour lui-même, enfin, il ne croyait pas le moins du monde que le soulèvement qui lui faisait cette grave violence fût dirigé contre sa dynastie ; il est parti fermement convaincu qu'il laissait son petit-fils sur le trône ; et sa confiance à cet égard était telle encore, vingt-quatre heures après que tout était fini pour lui et les siens, qu'il écrivait de Dreux, le 25 février, à son ancien intendant de la liste civile de lui faire préparer des relais sur la route de Dreux au château d'Eu, où il comptait aller s'installer. On voit si le gouvernement avait dans sa durée une foi robuste. Ai-je besoin de dire que cet excès de sécurité n'a pu être que très fatal, et qu'il a dû contribuer beaucoup à la faiblesse des mesures qui ont été prises?

Cette faiblesse, d'une autre part, a été excessive, il faut bien le dire, et elle l'a été partout.

Il paraît qu'à l'approche des événements, voyant le caractère que l'opposition prenait à la Chambre, et l'appui que cette opposition, si passionnée et si imprévoyante, trouvait dans une partie de la garde nationale et de la population aisée de Paris, le roi, frappé de ce qu'il y avait dans ces manifestations de folie et d'ingratitude, en avait ressenti un chagrin profond, et qu'il prenait par moments les affaires dans un dégoût qu'il ne dissimulait qu'avec peine et qui allait jusqu'au découragement. Cette disposition d'esprit, si nouvelle chez le roi, ne rappelait guère l'énergie calme et mesurée, mais active, intelligente, résolue qu'il avait toujours opposée aux entreprises de l'ordre de celle qu'il allait avoir à combattre, et il faut convenir qu'elle s'accordait mal avec les graves et impérieuses nécessités de sa situation.

C'est du trône même, cela paraît certain, qu'émana spontanément, le matin du 23 février, à la suite des cris que la garde nationale venait de faire entendre rue de Rivoli, sous les fenêtres du château, la pensée de congédier le ministère. « Si M. Guizot est un honnête homme, » aurait dit la reine, — cette noble reine qui, dans les derniers moments de cette affreuse crise pourtant, montra tant de dignité et d'intrépide courage, — « Si M. Guizot est un honnête homme, il se retirera ; » et ces paroles de la reine, qui trahissaient la pensée du roi, et que le roi, en effet, s'asbtint de combattre, furent immédiatement transmises au ministre qu'elles concernaient.

J'ignore jusqu'à quel point M. Guizot et ses collègues résistèrent, dans le conseil, à ce dangereux projet de congédier devant l'émeute, demandant son renvoi les armes à la main, un ministère qui, après tout, avait au sein de la représentation nationale une légitime, une incontestable majorité, et ce qu'ils firent d'efforts pour détourner le roi de cette mesure ; mesure évidemment tardive ou prématurée, qu'on aurait dû peut-être prendre *avant*, qu'il serait possible de prendre *après*, mais qu'on ne pouvait avoir un moment la pensée d'adopter *pendant* l'émeute ; qui, adoptée en pleine émeute, ne pouvait servir qu'à augmenter l'audace des plus dangereux ennemis du roi, qu'à leur inspirer une confiance en eux-mêmes qu'ils n'avaient point, ou que du moins ils n'avaient pas manifestée au début de la sédition ; qu'à désorganiser, en même temps que le gouvernement, la majorité parlementaire ; qu'à faire perdre à cette majorité tout courage, en lui enlevant toute direction ; qu'à démanteler enfin l'autorité royale, et, au moment où elle était environnée de graves périls, à lui ravir ses garanties naturelles, un conseil des ministres responsable et une majorité fermement unie à ce conseil... Toujours est-il que le ministère parut se résigner très naturellement à cet acte de déplorable faiblesse, qui allait laisser le roi en présence de la sédition sans aucun appui véritable, c'est-à-dire sans autre appui que celui d'une majorité désavouée, entre un ministère dissous et un ministère à reconstruire, et qu'il vint annoncer sa retraite à la Chambre au beau milieu de l'insurrection.

La majorité, ainsi reniée devant l'émeute et abandonnée de ses chefs, ne devait avoir que trop tôt l'occasion de montrer qu'elle ne se croyait pas obligée à plus d'énergie que ne venaient d'en déployer les ministres. Cette occasion lui fut offerte dès le lendemain, et nous verrons bientôt comment elle soutint *in extremis* l'épreuve qu'elle était destinée à subir à son tour. Du moment que les pouvoirs les plus élevés lâchaient pied devant la révolte, il était bien difficile que le reste ne suivît pas.

Ce relâchement déplorable, auquel on n'était que trop préparé, et qui était d'une nature si contagieuse, ne tarda pas en effet à se propager. Il se communiqua presque immédiatement des ministres à leurs agents d'exécution, et il eut bientôt gagné tout le monde. Quiconque aurait voulu, dans le cours des vingt-quatre heures qui s'écoulèrent de la retraite du ministère à l'abdication et au départ du roi, aller examiner, dès le soir déjà du 23 février, mais le matin du 24 surtout, et dans ces dernières heures où une défense active, intelligente, énergique, animée était devenue d'une nécessité si pressante, aller, dis-je, examiner dans quel état se trouvait la défense, l'aurait trouvée partout, à l'état-major général, à l'Hôtel-de-Ville, au palais des Tuileries, à la Chambre des députés, et sur les divers points où stationnaient des troupes, dans un état d'inaction, d'incurie, de désarroi, de laisser-aller inexprimables.

J'ai dit que le 24 au matin on avait fait avancer en colonnes des forces considérables à la rencontre de la sédition. C'était l'heure suprême où tout allait se décider, et le salut du gouvernement dépendait tout à fait du degré d'habileté et de résolution avec lequel on allait user de ces forces. La seule chose que crut avoir à faire, en arrivant sur les lieux, l'officier général qui les commandait, ce fut d'écrire à l'état-major de la place, au moins est-ce là un bruit tout à fait accrédité, qu'en présence de la population qu'il avait devant lui et de l'exaltation dont elle paraissait animée, il ne croyait pas qu'il y eût de résistance possible!... Et le gouvernement qui connaissait les dispositions de la garde nationale, qui savait qu'une portion était tiède et peu active, et la partie ardente et active ouvertement favorable à la sédition, qui voyait par conséquent qu'il n'y avait de salut pour lui que dans la fidélité des troupes et dans un usage de leur dévouement aussi vigoureux que paraissait l'exiger la violence de l'insurrection, le gouvernement, dis-je, donna l'ordre de retirer les troupes et de s'en remettre pour la répression de l'insurrection au zèle de la garde nationale. Je ne cherche point à la suite de quelle délibération, ni sous la responsabilité de qui, put être donné un ordre d'une nature si grave, un ordre qui devait avoir et qui eut immédiatement des effets si désastreux. Toujours est-il qu'il ne pouvait être donné que sous le contre-seing d'un ministre, et qu'il avait dû se trouver un ministre pour le contre-signer, puisqu'il avait été donné.

Il semble qu'en renonçant à se servir des troupes on aurait dû s'abstenir au moins de porter la résolution qu'on venait de prendre à la connaissance de la sédition. On ne pensa pas même qu'il fût à propos de s'imposer cette réserve. Croyant sans doute que l'émeute se calmerait d'autant plus que le gouvernement se montrait plus débonnaire, on s'empressa, bien loin de là, de publier qu'il renonçait à se servir pour sa défense des seules forces sur lesquelles il pouvait compter, et qu'il consentait à ne devoir son salut qu'à celles dont une notable portion fraternisait avec l'émeute.

En exécutant l'ordre de retirer les troupes, il eût au moins fallu s'efforcer d'exécuter cette triste et périlleuse opération de manière à les conserver entières, à les préserver de tout contact avec la sédition, à empêcher qu'on ne s'emparât de leurs munitions et de leurs armes. Il est profondément regrettable d'avoir à dire qu'on n'eut pas même ce soin. Cette retraite, sans avoir combattu, prit graduellement le caractère d'une déroute après une défaite. Les troupes, comme si elles se fussent rendues, partirent le fusil sur l'épaule, et quelques-unes même la crosse en l'air; peu à peu elles furent pénétrées par la foule, elles se trouvèrent livrées à la sédition, elles fraternisèrent en quelque sorte avec elle, et ce fut dans ce contact déplorable de l'armée avec la sédition, qui rendait le désarmement à peu près infaillible, que des corps entiers furent graduellement amenés à livrer, en effet, à la révolte tout ce qu'ils avaient d'armes et de munitions.

Dans ce mouvement de retraite, si désastreusement effectué, on put bientôt voir comment était compris et comment on croyait devoir exécuter l'ordre de retirer les troupes. Une batterie de quelques canons avec leurs caissons descendait les boulevards et se dirigeait vers la Madeleine, précédée à quelque distance d'un bataillon de troupes à pied, et presque immédiatement suivie d'un ou plusieurs escadrons de cavalerie. Arrivée sur le boulevard des Italiens, à la hauteur de la rue de Choiseul, une bande isolée d'émeutiers, composée tout au plus d'une quarantaine d'hommes, parmi lesquels même figuraient un bon nombre d'enfants, se mit en devoir de l'arrêter, demandant à l'officier général qui la commandait ce qu'il prétendait en faire, où il menait ces canons, lui enjoignant insolemment de les laisser là, sautant sur les caissons pour piller les munitions; et l'officier général, cédant aux injonctions de cette misérable petite bande, eut l'inexplicable faiblesse de faire dételer les chevaux et d'abandonner là ses canons.

Plus loin, sur la place de la Concorde, on eut, bientôt après, d'autres exemples du sens étrange qui était donné à la défense de se servir de l'armée pour réprimer la sédition. On avait fini par désintéresser les troupes même du soin de leur mutuelle défense; et un détachement de quelques gardes municipaux, qui occupait le poste placé à l'entrée de la rue des Champs-Élysées, à l'un des angles de la place de la Concorde, ayant été assailli par une bande d'insurgés, put être massacré, sous les yeux des troupes qui stationnaient sur la place, à moins de cent pas de là, sans que de leur part il y eût le moindre mouvement fait pour s'opposer à cette boucherie inutile.

Telle était devenue la ponctuelle obéissance des chefs

à l'ordre qu'ils avaient reçu de ne pas employer les troupes à la répression de l'insurrection, qu'une bande d'insurgés s'étant présentée sur la place, se dirigeant vers le pont pour aller envahir la Chambre, la disperser et en expulser la régence, comme on avait chassé la royauté du palais des Tuileries, il ne fut pas non plus fait par la troupe le moindre mouvement pour barrer aux insurgés le passage, et que ce hardi coup de main, qui allait terminer la révolution et achever de renverser la dynastie, put être exécuté sans rencontrer l'ombre d'un obstacle.

Ajoutons que si, du côté de la place de la Concorde, il ne fut rien fait par la troupe pour s'opposer au passage des insurgés qui allaient envahir la Chambre, il n'y avait pas eu, du côté de la Chambre, plus de précautions prises pour s'opposer à cette irruption. Non seulement les promoteurs de la régence de madame la duchesse d'Orléans n'avaient donné à la régente aucune escorte, ni songé à rien faire pour assurer une issue honorable à l'acte courageux qu'elle allait accomplir à la Chambre des députés; mais le président de la Chambre, à qui il appartenait de faire toutes les réquisitions nécessaires pour assurer la dignité, l'ordre, la tranquillité des délibérations de l'Assemblée, n'avait pris pour cela que les mesures les plus insuffisantes. Non seulement il n'y avait, à la principale porte du palais, du côté de la place Bourbon, que des gardes nationaux sans munitions, autant dire sans armes, mais la Chambre n'était pas même gardée du côté du pont, par où elle devait naturellement être envahie, et par où on l'envahit en effet sans rencontrer l'apparence d'une résistance.

La royauté de Juillet n'avait plus, en quelque sorte, qu'une chance de salut, et cette chance était dans le degré de fermeté avec lequel la Chambre saurait défendre le refuge que le petit-fils du roi, devenu subitement roi par l'abdication de son grand-père, était venu chercher dans son sein, sous la conduite de la duchesse d'Orléans, sa mère, et de son oncle le duc de Nemours. Ce refuge, hélas! ne fut pas mieux défendu que ne l'avait été tout le reste. Non seulement la Chambre souffrit qu'un petit nombre d'émeutiers, qui avaient pénétré dans son enceinte à la suite de la duchesse d'Orléans, y demeurassent et assistassent à la délibération qui allait s'ouvrir; mais elle supporta qu'un de ces intrus, appuyé par une partie des autres, protestât insolemment contre l'adhésion que l'immense majorité de l'Assemblée donnait avec acclamation à l'avénement du jeune roi, et elle permit qu'un petit nombre de ses membres, abondant dans le sens de ces contradicteurs sans qualité, osassent contester l'autorité du nouveau règne, et demander l'établissement d'un gouvernement provisoire, sans même accorder ce provisoire au gouvernement légal, celui du jeune roi et de la régence, quelle qu'elle dût être. Un seul député, M. Barrot, osa prendre la parole en faveur de la régence, ainsi désavouée et combattue, en y mettant d'ailleurs pour condition l'appel immédiat au pays, et il ne fut soutenu de personne.

Il y a plus, et, pour donner une idée du singulier état de distraction ou d'affaissement où étaient tombés les esprits, je suis forcé de dire que, bien que les autorités de la Chambre fussent très explicitement informées, et de plusieurs côtés, qu'une bande armée d'émeutiers allait bientôt arriver, qui couperait court à la discussion par la force, et disperserait violemment les députés; et, bien que la place de la Concorde fût couverte de troupes dont il était ou devait être, ce semble, bien aisé d'obtenir l'assistance, il n'y eut, en ce moment critique, absolument rien de fait pour conjurer le péril qui menaçait l'Assemblée et assurer au besoin sa défense. On eût dit qu'on se tenait d'avance pour vaincu, et qu'on faisait consister la prudence à s'abstenir de toute mesure de sûreté qui aurait pu avoir pour effet d'entraîner l'apparence d'une collision.

Enfin, et puisqu'on renonçait à défendre le gouvernement dans la capitale, on aurait dû tout au moins (était-il rien de plus aisé?) ménager soit au roi, soit à la régence, sur quelque point rapproché de Paris, une retraite honorable et sûre où les troupes les auraient accompagnés, où les Chambres se seraient réunies, et où la révolution aurait pu se dénouer d'une façon moins déplorable. Il ne paraît pas même qu'on y eût songé. Au moins l'événement a-t-il donné à penser qu'il n'y avait eu sur ce point capital absolument rien de concerté, aucune espèce de décision prise...

Maintenant, et en présence de ces faits, dont j'abrége la douloureuse exposition, éprouvera-t-on une grande difficulté à se rendre compte de la catastrophe que nous cherchons à nous expliquer ? J'en doute. Il n'est que trop évident, en effet, que le gouvernement a moins succombé sous la force et l'étendue des agressions dont il a été l'objet que sous la faiblesse inouïe de sa propre résistance.

Reprenez, en effet, ce que nous venons de dire, et voyez, en quelques mots, ce qu'il y a eu.

Ce qu'il y a eu, c'est, du côté de la sédition, en se renfermant dans les faits accomplis du mercredi soir au jeudi après l'invasion de la Chambre, une surprise odieuse faite aux sentiments de la population, déjà fort remuée par le travail antérieur des banquets et par les luttes du matin et de la veille ; la mise en scène au milieu de la nuit des victimes qu'on venait d'obtenir ; l'exposition de leurs cadavres aux regards de la foule ; ces cadavres promenés, à la lueur des torches, dans les rues et les faubourgs de la ville les plus agités ; des cris violents à la trahison ; des appels furieux à la vengeance ; le tocsin sonné dans les églises de plusieurs quartiers ; une série d'efforts extrêmes enfin pour soulever la population, tout en évitant de rien dire qui pût éveiller sa défiance, pas un mot surtout de la révolution qu'on allait accomplir à ses dépens, et une extrême adresse à s'emparer d'elle en s'animant de la passion qu'on avait réussi à lui inspirer ; toute une application enfin de la célèbre théorie révolutionnaire qui a été depuis professée à Bourges [1] ; mais au fond pourtant,

[1] « Croyez-vous que les révolutions s'accomplissent en disant le mot pour lequel elles se font ?... Non ; on saisit le sentiment qui règne dans la foule, on s'en empare, puis, en un tour de main, on substitue au gouvernement dont on veut se débarrasser celui qu'on veut mettre à la place » (*Déposition de M. Ledru-Rollin devant la haute cour de Bourges*).

et malgré la violente émotion qu'on était parvenu à produire, à force d'audace et de fourberie, rien qui suffît pour rendre raison du succès fabuleux qu'on a finalement obtenu, de cette radicale destruction en quelques heures d'un gouvernement puissant, dont les forces, le matin encore, étaient entières, et de la marche triomphante de l'émeute sur les Tuileries, et du fameux *tour de main* qui, bientôt après, a terminé tout à la Chambre,... si l'explication de ces résultats extraordinaires n'était donnée d'ailleurs par la série de faiblesses que je viens d'avoir la douleur de relater, et qui ont été tout ce qu'il y a eu de la part des défenseurs du gouvernement.

C'est dans ces faiblesses, il n'y a malheureusement pas moyen de le nier, c'est-à-dire dans les déterminations de plus en plus graves qui ont été prises, de la démission des ministres à l'abdication du roi et à la retraite de la Chambre, qu'a été la cause immédiate et directe de la catastrophe arrivée, beaucoup plus encore que dans les ruses, les hardiesses, les fureurs, les cris, et les quelques faits d'armes, fort peu nobles, des meneurs de la sédition. Le gouvernement est tombé parce qu'il a consenti à ne se pas défendre, parce qu'il s'est de moins en moins défendu, parce qu'à mesure qu'il s'abandonnait lui-même, il a été de plus en plus abandonné par tout ce qui lui devait aide et appui. Depuis le mercredi, au moment de la retraite du ministère, jusqu'au lendemain à l'heure où tout a été fini, il n'a travaillé et on n'a travaillé autour de lui qu'à faire toujours plus beau jeu à l'émeute; et sa chute, au milieu des forces considérables dont il était entouré, doit être surtout imputée à la visible altération de ses facultés morales, à un excès de confiance d'abord, à de rapides et toujours plus graves accès de découragement ensuite, à l'indécision et au trouble de ses conseillers, à la mollesse de ses principaux agents d'exécution, à je ne sais quel délabrement général des intelligences et des courages, triste fruit, hélas! des préoccupations intéressées et des passions sordides qui avaient envahi l'esprit public, qui l'avaient corrompu, et dont le gouvernement avait à se reprocher de s'être rendu plus ou moins complice. A ces dernières heures si humiliantes, ce fut en quelque sorte à qui s'abandonnerait le plus. Chacun semblait se reposer sur autrui du soin de la sûreté commune; et, du sein de ces majorités compactes, qui s'étaient montrées habituellement si animées pour la conservation des abus, du sein de ces masses si savamment organisées d'agents militaires et civils de toute sorte, sur qui reposait le salut universel, et où, tout à l'heure encore, on faisait éclater une si vive émulation pour son avancement et un zèle si ardent pour l'exaltation de ses services, il serait difficile de dire ce qu'il est sorti d'actes de courage et de dévouement. On n'a paru se réveiller que le lendemain de la révolution, quand a été proclamée la république, et lorsque est venue l'heure d'aller faire acte d'adhésion... Digne fin du triste état où étaient tombées les mœurs publiques, et qui avait, on ne peut le méconnaître, quelque chose de hautement providentiel.

Reste à examiner ce qui avait préparé cette situation morale. Le gouvernement, disons-nous, est tombé surtout parce qu'il ne s'est pas défendu. Mais pourquoi ne s'est-il pas défendu? Qu'est-ce qui avait produit cet énervement universel qui a rendu, en quelque façon, sa défense impossible, et donné à sa chute le caractère ignominieux d'une dissolution? C'est la première recherche à faire, recherche importante où il s'agit de montrer, dans sa cause initiale la plus active, l'événement étrange dont nous cherchons l'explication.

LIVRE DEUXIÈME.

Cause fondamentale de la révolution.

Cette cause, malheureusement très peu aperçue, quoiqu'elle soit on ne peut plus apparente, qu'elle ait été mainte fois signalée, et que, pour mon compte, depuis plus de trente ans, je n'aie cessé de dénoncer et de poursuivre le travers détestable d'esprit et de mœurs au fond duquel elle réside, et de montrer ce que ce travers, pernicieux à tant de titres, a de particulièrement désastreux pour la paix publique et pour la sûreté du gouvernement ; — la cause qui fait qu'il ne peut plus exister parmi nous d'établissement politique un peu durable ; — la cause qui, depuis moins d'un demi-siècle, à des intervalles de douze, quinze, dix-huit années, a successivement culbuté les uns sur les autres tous ceux que nous avons essayé de fonder ; — cette cause, voudrons-nous enfin le comprendre ? cette cause est dans l'idée erronée et vicieuse que notre nation se fait de l'objet même du gouvernement, et dans la nature des avantages que prétend en tirer à peu près tout le monde.

Il est des pays, je puis citer l'Angleterre et mieux encore les États-Unis, où les citoyens de toutes les classes ne demandent guère au gouvernement que deux choses :

de la sécurité et *de la liberté;* c'est-à-dire qu'il les protége le mieux et aux moindres frais possibles contre toute espèce d'agression, d'injure, de dommage, de prétention ou d'entreprise injuste, et que du reste il ne se mêle de leurs affaires que le moins qu'il pourra; qu'il ne s'en mêle que pour réprimer ce qui pourrait s'y manifester d'actions répréhensibles; qu'il les laisse d'ailleurs à leur libre arbitre, à toute leur spontanéité; qu'il leur abandonne aussi entière que possible la responsabilité de leur existence. Je ne prétends pourtant pas que les choses s'y passent littéralement ainsi, et que l'action du gouvernement s'y borne uniquement à administrer à tous une bonne et impartiale justice : j'aurais, si je voulais énumérer tout ce que le gouvernement, en Angleterre et même aux États-Unis, est d'ailleurs chargé de faire, à entrer dans des détails assez longs. Mais enfin il n'en reste pas moins vrai que dans ces pays, si pleins de vie, de sève, de mouvement, de féconde activité, dans ces pays les plus paisibles et les plus prospères du monde, ce que les citoyens demandent essentiellement et presque exclusivement aux pouvoirs publics, c'est, en les mettant autant que possible à l'abri de toute entreprise injuste, publique ou privée, intérieure ou étrangère, de les abandonner d'ailleurs à leur propre responsabilité, et, par cela même qu'ils sont responsables, de les laisser libres, de laisser largement et franchement ouvert devant eux l'accès, sans exception, de tous les travaux, de toutes les professions, de toutes les carrières.

Nous sommes l'antipode de ces pays-là. S'ils considèrent la société comme un corps doué d'une vie propre et qui se développe pour ainsi dire spontanément, nous la considérons au contraire comme un corps qui ne peut se passer, dans ses fonctions les plus naturelles, d'impulsion et de direction et dont le gouvernement est le principal et presque l'unique organe. Autant les individus, aux États-Unis et en Angleterre, ont personnellement d'énergie et consentent volontiers à répondre d'eux-mêmes, autant cette responsabilité nous pèse et nous effraie; autant ils attachent de prix au libre usage de leurs facultés productives, autant cette liberté nous est indifférente, j'allais dire antipathique. Les seules libertés qui nous plaisent, au moins les seules que recherchent parmi nous les partis, sont celles qui ont un caractère politique, l'électorat, le droit de réunion et d'association, la liberté de la presse et de la tribune, celles qui nous rapprochent du pouvoir, qui nous permettent au besoin de l'escalader, de renverser et de supplanter ceux qui le possèdent, de participer d'une façon quelconque à son action et aux innombrables avantages dont il lui est donné de disposer parmi nous. Les autres ne nous importent guère. Qu'en ferions-nous? Il ne nous suffirait point que l'État nous laissât tous les moyens honnêtes possibles de nous faire nous-mêmes une existence; il faut qu'il nous la fasse, ou tout au moins qu'il nous aide à nous la faire. L'assistance publique, en France, est un service qui va à tout le monde, aux grands comme aux petits mendiants, et dont, sous une forme ou sous une autre, il n'est guère de personne qui ne veuille tirer parti. Les profits aléatoires d'une profession libre ne nous plaisent point; il nous convient mieux que l'État usurpe la profession, qu'il la convertisse en service public et qu'il nous prenne à son service; nous préférons en effet de beaucoup un traitement réduit, mais fixe, à des gains plus considérables, mais moins assurés, et qu'il nous faudrait prendre la peine de nous assurer nous-mêmes. Que si nous consentons à vivre d'une profession, au moins faut-il que l'État nous en garantisse le monopole, qu'il limite le nombre des personnes à qui il sera permis de l'exercer, ou bien qu'il en accroisse les bénéfices de quelque autre manière, par des subventions, des primes, des encouragements quelconques. Pour peu que soient chanceuses ces entreprises, nous lui demandons sans façon d'en assumer la responsabilité, de participer à la dépense, de nous garantir un certain intérêt de nos capitaux. Nous savons fort bien qu'il ne peut nous accorder rien de tout cela qu'en le prenant sur le fonds de ressources et des libertés communes; mais nous n'y regardons pas de si près. On dirait que nos diverses révolutions ne nous ont appelés à participer à la vie publique que pour nous offrir le moyen de mettre au pillage les revenus et la liberté du public. Et, de vrai, à mesure que les révolutions se succèdent, la tendance toujours plus invétérée et plus générale des esprits, parmi nous, est de considérer le gouvernement comme une proie, comme une sorte de domaine, comme une prise de possession du pays, comme la ressource des fortunes délabrées ou détruites, comme l'industrie de ceux qui n'en ont point, comme un appât offert aux aventuriers de toute espèce que peut jeter sur la place un enseignement public détestablement dirigé, et distribué plus mal encore, comme le secours enfin de tous ceux qui, ne demandant pas de fonctions, veulent au moins que, par forme de compensation, la communauté se charge d'encourager leurs entreprises particulières, d'en préparer le succès, d'en réparer les échecs, d'en accroître les profits par toute sorte de priviléges iniques.

Depuis soixante ans que nous sommes en révolution, nous n'avons pas encore eu la bonne fortune, et il y a malheureusement de bonnes raisons pour cela, de mettre la main sur un gouvernement assez sensé pour comprendre ce qu'il y a d'immoral et de pernicieux dans ces tendances, ou assez honnête et assez ferme pour entreprendre sérieusement de les corriger. Bien loin de là, nos divers régimes, et ceux notamment dont l'organisation a revêtu les formes les plus régulières, l'Empire, la Restauration et la royauté de Juillet, se sont appliqués, à qui mieux mieux, à favoriser ces dispositions perverses qui leur permettaient, tout en flattant la passion publique, de s'arroger toujours plus de pouvoir, de chercher à accroître de plus en plus leurs ressources financières, et ils n'ont pas paru douter un moment qu'en agissant de la sorte, ils ne fissent la chose la plus propre à les mettre en possession d'une forte et durable autorité.

De ces efforts successifs, persistants et toujours croissants vers un même but, est résulté l'établissement colossal, l'établissement sans pareil en aucun pays du monde, que nous nommons, en France, l'*Administration*, établissement qui a graduellement substitué sa malfaisante activité à toutes les autres, ou subordonné toutes les autres à la sienne; qui a plus ou moins absorbé dans sa sphère d'action, non seulement celle des départements, des communes, et de la plupart des associations de toute espèce, mais, à beaucoup d'égards même, celle des individus; qui a transformé en services publics des branches de travaux considérables et nombreuses, appartenant sans conteste au domaine de l'activité générale et privée; qui a rétabli, en le modifiant, au profit de beaucoup d'autres, l'ancien régime des corporations, et livré à un nombre limité d'individus le monopole de ces dernières; qui n'en a pas pu souffrir, même dans le nombre de celles qui sont restées dans le domaine public, une seule de vraiment libre, une seule qu'il n'ait soumise, sous des rapports multipliés, tout en négligeant fréquemment de réprimer les écarts où elles peuvent toutes tomber, à des tutelles inutilement onéreuses et gênantes, dont l'objet le plus essentiel était de multiplier les offices susceptibles d'être offerts à l'esprit de sollicitation.

Je voudrais pouvoir montrer quelle est la place qu'il est parvenu à usurper, par ces divers moyens, dans le vaste ensemble de nos travaux de toute espèce, matériels et immatériels, et faire suffisamment comprendre de quel immense et inextricable réseau d'entraves se compose, à l'heure qu'il est, ce que nous appelons en France la liberté de l'industrie. Je ne puis entrer ici dans ce détail [1], mais un résumé, en quelques lignes, du progrès qu'ont fait,

[1] Je l'ai fait ailleurs, dans un ouvrage étendu sur la LIBERTÉ DU TRAVAIL, où ont été successivement abordés tous les grands ordres de travaux qu'embrasse dans son cadre l'économie natu-

en moins de cinquante ans, nos dépenses publiques, pourra donner une idée de l'extension qu'a dû prendre, dans ce laps de temps, notre établissement administratif, et de ce que nos gouvernements ont consenti à faire pour la satisfaction du déplorable travers de mœurs dont je m'occupe.

Au commencement de ce siècle, et dans les plus belles années du Consulat, 500 millions suffisaient à l'administration de la France. Ce fut là, en effet, le chiffre du budget de 1802. Veut-on savoir quels accroissements ce chiffre a reçus depuis, à mesure que l'établissement administratif a dû étendre ses attributions et ouvrir ses cadres à plus de monde ? Voici : En 1807, les 500 millions de 1802 étaient graduellement montés à 720. En 1810, les 720 s'étaient élevés à 795. Six ans plus tard, en 1816, après les révolutions de 1814-1815, et bien que ces grands événements eussent réduit d'un tiers le territoire de la France impériale et substitué à l'état de guerre l'état de paix, les 795 millions du budget impérial de 1810 ne se trouvaient pas moins remplacés par un budget de 884 millions. A ce budget en succédait, en 1822, un de 912, et, en 1829, la loi de finances en votait, pour 1830, un de 972, le dernier de la Restauration. A cette époque, comme à celles de toutes les crises révolutionnaires précédentes, les dépenses administratives ont pris un accroissement beaucoup plus marqué. Le plus faible

relle de la société, et où j'ai eu occasion de faire connaître le régime auquel chacun de ces ordres de travaux a été soumis par notre législation administrative.

budget du gouvernement de juillet 1830, celui de 1835, n'a pas pu se solder par moins de 1 milliard 21 millions; et, dans le cours des douze années qui suivent, de 1835 à 1847, les dépenses obéissent à un mouvement de progression si vif et si persistant, qu'elles s'élèvent, sans s'arrêter, de 1 milliard 21 millions à plus de 1 milliard et demi. Enfin, en 1848, la révolution de février, obéissant aux mêmes impulsions que la plupart des précédentes, produit des effets tout pareils, et l'irruption violente d'une nouvelle fournée d'ambitieux, plus nombreuse et plus affamée qu'aucune des précédentes, élève, en une année, le budget de 1,500 millions à plus de 1,800. Ainsi, en quarante-six ans, de 1802 à 1848, nos dépenses publiques, sous l'influence de la passion à laquelle obéit notre pays et de l'établissement administratif que cette passion y développe sans relâche, se sont graduellement élevées de *cinq cents millions* à plus de *dix-huit cents*. Elles ont pris un accroissement de plus de *treize cents millions* [1].

Est-ce qu'un résultat si frappant ne dira rien à la sagacité de nos hommes politiques? Est-ce qu'ils ne verront là qu'un fait sans signification, ou n'en présentant qu'une d'innocente ou même de favorable? Je ne puis hésiter, quant à moi, à voir dans cet effrayant accroissement des dépenses de notre administration, correspondant à celui

[1] Les dépenses qui ont été votées pour 1848, tant par le budget rectifié de cet exercice que par des décrets spéciaux, sont en réalité de 1,823,070,310 fr. (Budget de l'exercice de 1843, t. I, page 6). Il dépasse donc de 1,321 millions celui de 1802, qui était de 502 millions.

des attributions et du personnel de tous ses services, la suite du travers que je signale, et, dans ce travers déplorable, la cause et l'explication de tous nos désordres publics. Plus il prend racine dans nos mœurs, plus il se fortifie et se généralise, et plus s'altère visiblement l'esprit de notre nation; plus s'affaiblissent ses instincts industrieux, et plus acquièrent chez elle d'extension et d'âpre énergie les passions cupides et bassement dominatrices. De proche en proche, toutes les classes de la société veulent arriver au pouvoir et en faire leur ressource. Le mot grossier : *Ote-toi de là, que je m'y mette!* ce mot qui, depuis soixante ans, est toute la morale de nos révolutions, toutes les classes, du sommet de la société à ses assises les plus inférieures, veulent pouvoir le prononcer chacune à leur tour. Les classes moyennes, il y a soixante ans, l'avaient dit aussi brutalement que possible à l'ancienne aristocratie; la démocratie, il y a seize mois, l'a dit non moins durement aux classes moyennes, et déjà le démagogisme socialiste en rebat avec violence les oreilles de la démocratie, que la dernière révolution a mise en possession du pouvoir.

C'est tout simple. Encore une fois, tout ceci est la conséquence obligée du travers que je dénonce et du système extravagant d'administration qui se développe depuis soixante ans, au milieu de nous, sous la damnable influence de ce travers. L'extension toujours plus outrée qu'aux dépens des ressources et de la liberté de tout le monde, il fait prendre aux attributions, au personnel, aux dépenses de l'administration, a ces deux effets également regrettables, d'énerver et de circonscrire la bonne activité du pays, et tout à la fois d'exciter et d'étendre toujours davantage sa mauvaise activité, d'oblitérer de plus en plus son industrie et de fomenter de plus en plus son ambition. Elle décourage sa bonne activité par la direction artificielle qu'elle imprime à ses travaux, par les innombrables entraves dont elle les embarrasse, par les ressources considérables qu'elle leur soustrait, par l'altération, surtout, qu'elle fait subir à ses facultés industrielles, qui n'avaient déjà pas trop de spontanéité et d'énergie propre, et dont elle perpétue l'inexpérience et l'inertie en les accoutumant à ne pouvoir se passer d'appuis factices et de secours abusifs. D'un autre côté, elle encourage ses passions ambitieuses, d'une manière détournée, en énervant son industrie, et, d'une façon directe, en alléchant très vivement ces passions. On conçoit, en effet, avec quelle ardeur un pays très modérément industrieux de sa nature, dont des causes nombreuses tendent à amortir encore l'industrie, et qui voit devant lui un gouvernement en possession d'attributions innombrables et disposant de ressources pour ainsi dire illimitées, doit aller au devant des moyens d'élévation et de fortune qu'il lui présente, et sentir, à ce spectacle, toutes ses passions cupides et ambitieuses violemment surexcitées.

Il n'en faut pas douter, c'est pour satisfaire de telles passions, dans lesquelles ils se flattent de trouver un appui, sans que rien ait pu les avertir jusqu'ici de la sottise de cette espérance, que nos gouvernements se perdent, comme à plaisir, les uns après les autres; qu'ils altèrent rapidement leur constitution; et qu'à force de rendre leur administration envahissante, oppressive, dispendieuse, corruptrice, ils finissent par désaffectionner le pays; après l'avoir rendu indifférent, par le rendre hostile, et par se trouver placés, sans autre appui que celui d'un personnel blasé, amolli, démoralisé par une plus ou moins longue possession du pouvoir, et devenu incapable de tout généreux effort pour les défendre, en présence d'ennemis furieux, affamés, à qui rien ne répugne pour parvenir à les supplanter, et qui finissent toujours, en effet, par les culbuter et prendre leur place.

C'est pour employer à son profit ces mauvaises passions, que le régime impérial, cet âge d'or des fonctionnaires, cette vaste fabrique de rois et de commis, fut si rapidement entraîné, il y a quarante-cinq ans, à ériger la guerre en système, à lui imprimer le caractère d'une profession, à la faire dégénérer en industrie, à envahir au dehors tant de territoires, à mettre au dedans la main sur tant de choses qui appartenaient au domaine de l'activité privée, à multiplier indéfiniment les offices, à diviser et subdiviser les traitements, à étendre de plus en plus ses attributions et ses dépenses; et, pour que rien ne pût l'arrêter dans le cours de ces usurpations, à supprimer avant tout les libertés publiques, à élever, en un mot, cette colossale domination, à la fois politique et administrative, qui, à force de devenir envahissante et absolue, avait fini par lasser la patience universelle et par soulever devant elle une masse d'inimitiés contre laquelle la France épuisée s'était trouvée impuissante à la défendre et avait dû être heureuse de la voir succomber.

C'est faute d'avoir pu employer à la fois le personnel de l'Empire, ce personnel immense qui, à l'époque où avait commencé la débâcle de la domination impériale, avait dû se replier et venir s'accumuler lentement sur le territoire de l'ancienne France; c'est, dis-je, faute d'avoir pu employer à la fois ce personnel et celui qu'à leur retour de l'émigration ils avaient vu accourir près d'eux de tous les points du royaume; c'est surtout pour avoir traité celui-ci avec une extrême prédilection, que les Bourbons de la branche aînée se sont vu entourés, dès les premiers temps de leur restauration, de tant d'oppositions implacables, poursuivis de tant de conspirations. C'est pour pouvoir se rendre agréables à leurs amis et répondre, d'ailleurs, autant qu'il était en eux, aux convoitises, aux sollicitations universelles qu'ils ont rappelé ce qu'ils ont pu des abus de l'ancien régime; maintenu scrupuleusement ceux que la Révolution et l'Empire y avaient ajouté ou substitué; conservé, en les exagérant, les attributions et les dépenses de l'administration impériale; contesté l'exercice de toutes les libertés qui pourraient compromettre l'existence des abus; refusé longtemps celles du jury et de la presse; les reprendre après les avoir données; fraudé les élections sans scrupule, et, faute de pouvoir suffisamment les maîtriser, supprimé violemment par les ordonnances de juillet les garanties constitutionnelles, qu'ils ont finalement détaché d'eux le pays, et que, dans un moment de crise redoutable, ils se sont vus, sans autre appui que celui d'un corps de fonctionnaires que quinze ans de paisible jouissance avaient plus ou moins amollis, en présence de compétiteurs ardents et nombreux, avec qui la société consentait à faire cause commune, et qui, après une courte lutte, les ont violemment renversés.

Enfin, si la dernière royauté, sans avoir commis absolument les mêmes fautes, et, notamment, sans avoir brisé la constitution, a subi néanmoins le même sort, n'hésitons pas à affirmer que c'est pour une cause foncièrement pareille, c'est-à-dire pour avoir consenti à satisfaire, avec un impardonnable laisser aller, beaucoup trop d'avides prétentions, et n'avoir pu, même en cédant toujours, réussir à beaucoup près à les contenter toutes. De même que la Restauration, obéissant à la loi de sa nature, avait éloigné d'elle le personnel de l'Empire et de la Révolution, la royauté de Juillet a dû rappeler ce personnel qui avait puissamment contribué à la fonder, et le substituer à celui de l'ancien régime : c'était, en quelque sorte, l'objet essentiel de son établissement, la condition même de son existence; et, toutefois, de la masse d'hommes qui sont aussitôt accourus pour recueillir l'héritage du parti qu'elle venait d'éconduire, elle n'a pu employer qu'une très faible portion. De là l'origine presque immédiate de deux partis qui se sont dressés contre elle, et qui, malgré la violente opposition de leur nature et la dissidence non moins vive et non moins profonde de leurs affections et de leurs idées, ont bientôt uni leurs efforts pour la détruire. A la tribune, dans la presse, dans la rue, elle a eu à soutenir contre ces deux partis dix-huit ans de luttes acharnées; et si, dans ces luttes, où elle fut si longtemps heureuse, elle a fini par succomber, c'est qu'à force de céder aux exigences déréglées de tout ce qui était lié à sa cause, elle a fini par donner contre elle-même de justes griefs à ses ennemis, par exciter la désaffection et le dégoût de la partie saine de la nation et par ruiner l'honnêteté et l'énergie de ses serviteurs mêmes.

Le tort commun à ces gouvernements, tous trois réguliers pourtant et véritablement amis de l'ordre, a été de croire qu'ils travaillaient à s'affermir en se créant de faux appuis, en cédant à d'immorales exigences, en se faisant un moyen d'influence du maintien d'une multitude d'abus. La monarchie de Juillet, je suis forcé de le reconnaître, n'a pas été plus irréprochable, sous ce rapport, que ne l'avaient été la Restauration et l'Empire. Peut-être l'a-t-elle été moins. Constamment placée entre les obsessions de la cupidité et les agressions de l'esprit de désordre, elle n'a pas su déployer contre les passions cupides, à beaucoup près autant d'énergie et d'habileté qu'elle en avait longtemps montré contre les passions perturbatrices. Ç'a été là sa faute et aussi son malheur. Ouvertement tombée dans la corruption, elle y a perdu jusqu'à l'énergie dont elle avait besoin pour se défendre.

Je sais fort bien quelle est la puissance du travers public qui l'entraînait de ce côté. Combattre ce travers avec avantage lui eût été plus difficile encore, peut-être, que de lutter avec succès contre les désordres de la rue. Et pourtant la chose était à la fois *possible* et *indispensable* : — *Indispensable*, car si l'on cédait au débordement des prétentions cupides, il était aisé de prévoir qu'on ne saurait bientôt plus à qui entendre, qu'on se susciterait toute sorte d'embarras, qu'on s'environnerait d'obstacles, qu'on se mettrait dans l'impossibilité de réformer aucun abus, de limiter aucune dépense, et que, pour se procurer un certain nombre de dévouements douteux, on courrait le risque de se voir bientôt entouré d'une multitude d'hostilités violentes; — *Possible*, car, si l'on s'adressait franchement au bon sens du pays et à ses sentiments honnêtes, on était presque assuré de trouver de l'écho. Il fallait s'armer d'intentions droites; ne pas dissimuler les difficultés de sa situation; faire remarquer à quelles attaques d'un côté, et de l'autre à quelles obsessions on était en butte; faire de fréquents appels à l'intérêt éclairé du public; prendre dans cet intérêt un solide appui contre les intérêts particuliers et leurs insatiables exigences; montrer, sans précipitation, mais avec suite, par la justesse et la libéralité de ses vues qu'on voulait que la révolution eût été faite pour le légitime avantage de tous et non pour l'intérêt injuste et déréglé de quelques-uns; faire comprendre enfin qu'aucun bien ne serait possible s'il fallait satisfaire à toutes les convoitises que la révolution avait fomentées et à toutes celles qu'elle pourrait exciter encore.

Il est impossible de ne pas avouer qu'on n'a pas su ou qu'on n'a pas voulu se servir de ces moyens pour combattre la corruption; que, bien loin de là, on a songé à se faire de la corruption un instrument de défense; que, pressé par la nécessité de se défendre, on a cherché contre le désordre un point d'appui dans la corruption; qu'on a travaillé sans relâche à se faire de la corruption une arme puissante. C'est pour cela qu'on a défendu avec tant d'âpreté et de jalousie les attributions les plus abusives; qu'on a manifesté jusqu'au bout l'intention de n'en rien céder; que, pour n'en rien perdre, on a indéfiniment ajourné l'établissement de libertés promises; qu'on a sans cesse accru le nombre des emplois; qu'on s'est laissé entraîner à augmenter indéfiniment le chiffre des dépenses; qu'en pleine paix, et avec des recettes toujours croissantes, avec des budgets de quatorze à quinze cents millions, non seulement on n'a trouvé le moyen de supprimer ni de réduire aucun impôt, mais on n'a jamais pu se suffire, on a vu tous les ans ses budgets se fermer en déficit, et que, pour aligner ses recettes et ses dépenses, il a fallu recourir, à plusieurs reprises, au ruineux expédient des emprunts; c'est encore pour cela et pour pouvoir ajouter toujours à ses moyens irréguliers d'influence, qu'on s'est efforcé d'accréditer les doctrines les plus favorables à l'extension de l'arbitraire administratif, à l'omnipotence de l'État, à son intervention toujours plus hardie et moins ménagée dans le domaine de l'activité particulière[1].

L'effet naturel de ces mesures a été de détourner de plus en plus l'esprit public des fins honorables de la révo-

[1] On trouve une preuve très explicite de la disposition systématique où l'on était de ne rien céder de ces mauvais moyens de gouvernement, dans des projets de discours sur la corruption politique que M. Guizot avait préparés durant la session de 1847 (au mois de juillet), et qu'a publiés, en 1848, la *Revue rétrospective* de M. Taschereau.

« Le gouvernement, y est-il dit, ne laissera pas énerver et paralyser entre ses mains les moyens réguliers et légitimes de gouverner, par crainte de la responsabilité qui s'y attache.

« Il ne se laissera pas entraîner par d'aveugles clameurs à gêner, à entraver l'exercice, le développement des droits et des intérêts privés légitimes.

« ...Allez droit à la corruption partout où elle existe réellement;

lution qui avait fondé le gouvernement, c'est-à-dire de la poursuite des bonnes réformes, et de surexciter de plus en plus les mauvaises passions du pays; de généraliser, en l'avivant encore, son goût déjà si vif et si étendu pour la recherche des emplois et de tous les genres de faveur dont le gouvernement dispose; de donner à ce travers le caractère d'une épidémie; de le faire descendre des Chambres dans les colléges électoraux, dans toutes les classes

poursuivez-la, frappez-la sans hésiter; mais ne frappez pas le gouvernement d'impuissance, en croyant à toutes les clameurs qui l'accusent de corruption.

« ... Je ne veux sacrifier ni les moyens réguliers et légitimes de gouvernement, ni les droits et les libertés des citoyens. »

Ce que le ministre entendait ici par *moyens réguliers et légitimes de gouvernement*, ce n'était, à coup sûr, aucun des pouvoirs élémentaires dont l'autorité de tout gouvernement se compose, et que nul ne pouvait avoir l'idée de contester au nôtre; mais c'était apparemment les pouvoirs, d'une légitimité très contestable, qui mettent plus ou moins à la discrétion de notre gouvernement les ressources et la liberté du public, et qui entrent dans l'immense bagage de ses attributions administratives, tels, par exemple, que le pouvoir d'accorder des subventions de beaucoup d'espèces, de distribuer des bourses, de concéder des entreprises, d'en répartir les actions, d'autoriser des défrichements, de faire des concessions de mines, d'interdire ou de permettre l'entrée de certains produits étrangers, etc., etc.; et ce que le ministre appelait *les droits et les libertés des citoyens*, c'était le droit qu'il voulait qu'ils eussent de le solliciter, de le supplier d'user à leur profit de tous ces pouvoirs arbitraires. Le ministre ne voyait de corruption que dans l'usage illégal ou vénal qu'il pourrait arriver à des hommes publics de faire de ces pouvoirs abusifs, et, du reste, il ne trouvait rien de citoyens, et de transformer les relations du pays avec son gouvernement en un système organisé de sollicitation universelle; d'entraîner le gouvernement à se servir, pour se rendre les populations favorables des innombrables moyens d'action dont il s'était fait investir; et non seulement de la distribution des emplois, mais même de ses attributions administratives de toute espèce, du droit de concéder des mines, de classer des chemins, d'au-

que d'honnête et de régulier, à ce que le gouvernement en fût saisi, et à ce que la population fût obligée de passer par ses mains pour jouir de certains avantages auxquels elle avait naturellement droit, etc. Il va sans dire que je vais plus loin dans ce que je dis de la corruption politique, et que j'applique ce mot au fait même de s'être emparé des pouvoirs dont je parle, ou de les avoir retenus dans ses mains, et d'avoir voulu faire dépendre, sans nécessité comme sans droit, sous une multitude de rapports, le bien-être des populations de la bonne volonté du gouvernement. C'est justement parce qu'il avait les mains pleines de ces dangereux pouvoirs, et que chacun voulait avoir sa part des innombrables faveurs dont ils lui permettaient de disposer, que le dernier gouvernement se voyait harcelé de tant de demandes, et soupçonné de ne pas faire de son autorité arbitraire un usage bien impartial et bien désintéressé. Dieu me préserve de croire qu'il en ait usé souvent comme des affaires célèbres ont prouvé qu'on l'avait pu faire quelquefois; mais s'il avait la dignité de ne s'en pas servir dans un grossier intérêt de lucre, il a pu lui arriver de tenir compte, dans l'usage qu'il en faisait, de la ligne politique suivie par les impétrants, et c'était là de la corruption belle et bonne. Ce honteux moyen de gouvernement, au point surtout où notre régime administratif en implique l'usage, sera pour tous les gouvernements qui l'emploieront une infaillible cause de ruine.

toriser des défrichements, de permettre des fondations d'entreprises théâtrales, et d'une multitude d'autres droits plus ou moins entachés d'usurpation et d'injustice; de l'exciter à accroître sans cesse ces pouvoirs abusifs; de l'accoutumer à ne se déterminer dans l'usage qu'il en faisait que par la considération de l'importance des personnes et des bons offices qu'il en pouvait espérer; et telles étaient à cet égard les habitudes prises, qu'on y cédait sans trouble et sans hésitation ; on se croyait autorisé à cet égard à faire profession d'une certaine indulgence, d'une certaine facilité de mœurs; on tenait qu'il fallait passer quelque chose à la faiblesse humaine : il n'est pas douteux qu'on n'eût conservé le goût des hommes capables, mais il est moins certain qu'on eût retenu dans toute son intégrité celui des honnêtes gens; peut-être, en leur qualité d'honnêtes gens, ne paraissaient-ils que médiocrement propres aux affaires, et je ne sais si, dans un certain monde, où une certaine habileté était fort en renom, on ne serait pas allé jusqu'à dire qu'un peuple n'avait pas besoin d'estimer son gouvernement.

On sent quel devait être, au milieu du relâchement général, l'effet de telles maximes, professées dans les régions supérieures de la société. Cet effet, hélas! dans les derniers temps de la monarchie constitutionnelle, s'est manifesté par une série d'actions coupables que je n'ai pas besoin de rappeler, mais qui étaient beaucoup trop nombreuses pour qu'il fût possible de les regarder comme accidentelles, et qui sont venues révéler au monde le triste état où nos mœurs politiques étaient tombées.

La révélation de ces faits immoraux a été pour la considération du gouvernement un véritable désastre. D'eux-mêmes, et quand nul commentateur officieux ne se fût trouvé là pour les mal interpréter, ils n'auraient pu manquer de lui causer dans l'esprit public un grave dommage. Mais ils ont eu encore le déplorable effet de fournir contre lui à ses ennemis une arme terrible. Ils sont devenus un texte d'accusation sur lequel toutes les oppositions se sont ruées; et, quelque peu honorables que pussent être les motifs qui les faisaient agir, leur plainte, au fond légitime, n'a malheureusement pas manqué son effet. Elles l'ont colportée, de banquet en banquet, au milieu des populations les plus excitables, dans les départements du royaume les plus effervescents; et la corruption du gouvernement, dénoncée en tous lieux, est allée partout attrister, attiédir, désaffectionner les cœurs honnêtes, et soulever en même temps contre lui les passions anarchiques qui devaient, quelques mois plus tard, sous la direction de ses ennemis les plus redoutables, venir faire explosion à Paris.

C'étaient déjà là des effets bien graves. Ces effets pourtant étaient loin d'être les plus fâcheux. Le plus fâcheux effet de ce qu'on appelait la corruption gouvernementale a été de fermer les yeux au gouvernement sur les dangers qu'elle lui faisait courir, et, à mesure qu'elle l'exposait à plus de désaffection et d'inimitiés, à mesure qu'il avait plus besoin de défense, d'engourdir le dévouement, le zèle, la vigilance, le courage de ses serviteurs. Rien ne manquait à coup sûr, en fait d'organisation et de forces matérielles : les forts détachés étaient là, et la fortification continue, et l'armée permanente, et la centralisation, et le budget, et les innombrables fonctionnaires, et la majorité du parlement ; une seule chose était ou semblait être absente : l'honnêteté, le sentiment du devoir, l'affection pour quelqu'un et pour quelque chose, et, en face des ennemis du gouvernement, devenus d'autant plus furieux qu'ils commençaient à croire à la possibilité de le détruire, un désir intelligent et courageux de le maintenir. Il ne semble vraiment pas qu'un tel désir préoccupât sérieusement personne. On eût dit que les esprits étaient ailleurs. Peut-être, en effet, dans ces moments suprêmes, se laissait-on encore absorber par le soin de ses intérêts les plus étroitement personnels, et je ne voudrais pas répondre que, dans les ministères et à la Chambre, les sollicitations n'aient été leur train jusqu'aux derniers moments. Au moins est-il certain qu'on semblait avoir oublié partout qu'il y eût un gouvernement à défendre, et qu'on était tombé, à cet égard, dans un état d'engourdissement et d'insensibilité dont on n'a pu être tiré que par la chute même de la monarchie, et lorsqu'il s'est agi d'aller faire au gouvernement républicain sa soumission et ses révérences. Je ne veux pas rappeler la triste, l'ignoble hâte qu'on y a mise. C'est, sans comparaison, le fait de ce genre le plus dégradant qu'ait présenté, depuis soixante ans, le spectacle de nos revirements politiques. Cet abandon immédiat du gouvernement détruit, ce soudain empressement auprès du singulier pouvoir qui venait si inopinément prendre sa place, enfin l'inexprimable banalité de cœur que faisait supposer une transition si brusque et si peu motivée ont été les derniers traits par où la corruption s'est trahie et rendue manifeste. C'est à ces traits qu'on a pu voir à quel point toute pudeur et toute honnêteté politiques étaient perdues.

LIVRE TROISIÈME.

Combien peu la révolution était nécessaire.

Nous venons de voir comment la corruption, depuis cinquante ans, a successivement ruiné tous nos établissements politiques, et comment elle a notamment préparé la révolution du 24 février, comment elle l'a rendue possible. Mais, si elle l'a rendue possible, l'avait-elle aussi rendue nécessaire ? La question est assez importante pour mériter d'être examinée.

Il va sans dire que je ne fais cette demande ni aux factions diverses dont l'ambition ou la vengeance avaient depuis longtemps armé les mains, qui voulaient à tout prix une révolution et qui y marchaient par toutes les voies possibles, ni aux niais systématiques à qui nulle expérience n'a pu apprendre que les révolutions ne remédient pas à tout, ni aux esprits turbulents et enthousiastes à qui plaisent ces grands bouleversements, qui les regardent comme de magnifiques prouesses, comme des actes merveilleux de virilité, et aux yeux de qui toute révolution, par cela seul qu'elle est une révolution, est, en quelque sorte, excusée d'avance ; non, j'adresse ailleurs mes questions : je parle à cette masse de citoyens honnêtes, judicieux, avisés, qui savent à quel point les révolutions sont une extrémité redoutable, à quel point il est chanceux d'y recourir, et qui néanmoins ont laissé faire et jusqu'à un certain point ont secondé celle-ci, détachés qu'ils étaient du gouvernement par les fautes qu'il pouvait avoir commises, et, bien plus encore, par les perfides excitations de ses ennemis. C'est à ces hommes que je m'adresse; c'est avec eux et pour leur gouverne que je veux examiner s'il y avait lieu de faire une révolution, s'ils se trouvaient véritablement réduits à cette nécessité déplorable.

C'est rarement de dessein prémédité sans doute qu'une nation se laisse entraîner à faire, à seconder, ou seulement à laisser faire une révolution. Mais quand y a-t-il lieu pour un peuple qui se respecte, pour un peuple honorable et sensé, de donner les mains à une entreprise de cette sorte? Nous avions fait une révolution contre le roi Charles X, en 1830, parce qu'il avait voulu gouverner contre la volonté légitime et constitutionnellement manifestée de la majorité du pays et des Chambres, et nous en avons fait une nouvelle, en 1848, contre le roi Louis-Philippe, quoiqu'il n'agît que du plus parfait accord avec les grands pouvoirs de l'État, et qu'il se renfermât strictement dans les limites de son autorité constitutionnelle. Je n'examine pas ici si la première était excusable : j'en dirai ma pensée plus loin, quand il faudra conclure et montrer jusqu'où doit s'étendre le mouvement réactionnaire auquel le pays est livré depuis que la seconde a été accomplie. Je demande seulement à ceux qui, dès l'origine, parlaient avec tant d'exaltation de cette dernière, à quel titre ils la jugeaient susceptible d'être excusée?

Il ne saurait, je l'accorde, être permis à un gouvernement quelconque, et surtout à un gouvernement constitutionnel, et moins encore au gouvernement d'un pays aussi irritable et aussi impétueux que le nôtre d'essayer de river violemment et frauduleusement sa nation à un état de choses dont elle sentirait le besoin de sortir. Mais une telle faute avait-elle été commise? Peut-on dire que, par ruse ou par force, le gouvernement de Juillet eût placé la France dans une situation qui ne lui permît plus de faire prévaloir régulièrement ses justes vœux?... Je ne crois pas qu'il soit possible de faire à cette question une réponse trop nettement et trop fermement négative.

Non, il n'est pas vrai que la royauté de Juillet eût fait quelque chose de pareil. Il n'est pas vrai qu'elle eût mis notre pays dans l'impossibilité de remédier par les voies légales à ce qu'il pouvait y avoir d'abus dans son gouvernement. Il n'est pas vrai le moins du monde qu'elle l'eût réduit à la nécessité cruelle de recourir pour cela à une révolution. La liberté de la presse était entière. Il faut dire tout aussi affirmativement que celle des élections l'était aussi. On aurait pu, je ne le nierai point, désirer, dans bien des cas, que les populations s'y portassent avec des pensées plus éclairées et plus pures. Il n'est pas douteux que les choix des majorités électorales ne parussent déterminés assez fréquemment par des motifs peu intelligents ou peu élevés. Mais que ces choix, souvent fort tristes, fussent faits d'instinct ou par suggestion, toujours est-il qu'ils étaient parfaitement volontaires, et ils n'accusaient, hélas! que d'une façon trop naïve l'ignorance et surtout la corruption de l'esprit public. Je ne sache pas que cette corruption, déjà bien ancienne, et qui était entretenue et fomentée par les partis non moins activement que par le pouvoir, fût l'effet de la surprise ou de la violence, ni que le gouvernement en particulier eût jamais forcé personne à se laisser influencer par lui. Il n'y avait dans ses condescendances, ni même, à dire vrai, dans ses instigations, rien contre quoi il ne fût on ne peut plus aisé de se défendre, si on l'avait voulu. L'expérience des élections qui ont été faites depuis seize mois l'a prouvé, je crois, d'une manière irrécusable, et les chefs de la révolution de février ont pu voir, dès le mois d'avril suivant, qu'il n'était pas si aisé qu'on le pense de faire voter ce pays autrement qu'il ne lui plaît. A quoi leur ont servi, en effet, pour cela leurs légions de commissaires, et les pouvoirs illimités de ces étranges agents, et leurs tentatives d'intimidation, et leurs destitutions en masse, et leurs fraudes éhontées, et leurs violences sans frein ni mesure? Dira-t-on que des colléges électoraux composés de l'universalité de la population majeure et virile étaient plus en état de se défendre et de faire prévaloir leur véritable volonté que ne l'avaient été ceux du précédent régime? Je répondrai que l'indépendance des colléges électoraux dépend de l'intelligence et de la moralité des électeurs infiniment plus encore que de leur nombre, et que le vrai moyen d'empêcher que le pouvoir ou les factions ne les abusent et ne les entraînent à de mauvais choix, c'est de leur parler et d'agir sur eux comme il est convenable de le faire, c'est-à-dire avec assez de désintéressement, de bon sens et de bonne foi pour leur ouvrir les yeux et les engager à se tenir sur leurs gardes. Je rappellerai que les colléges électoraux de la Restauration, surtout après l'établissement du double vote, étaient bien moins nombreux et moins libres que ceux du régime détruit en février, qu'ils étaient entourés de bien plus d'obsessions, de menaces, de séductions, et que pourtant on n'en était pas moins parvenu à les affranchir des influences ministérielles; que, pour cela, il avait suffi, en quelque sorte, à l'opposition de cesser de les effrayer, de renoncer aux conspirations et aux entreprises violentes, de s'adresser tranquillement à leur raison, et que quelques années d'une discussion digne et paisible les avaient assez éclairés sur les tendances de la Restauration et leur avaient inspiré assez d'indépendance pour que le gouvernement, désespérant de les retenir sous sa main et de rester maître de leurs suffrages, se fût laissé entraîner contre eux au coup d'État qui avait enfin provoqué sa ruine.

Qu'essaiera-t-on d'opposer à ces faits, au second surtout? et, s'il est vrai que, dans les derniers temps de la Restauration, on avait pu, avec une presse à moitié asservie, éclairer assez le petit nombre de privilégiés dans les mains de qui se trouvait concentré l'électorat, pour les amener à faire des élections relativement libérales, comment admettre que, sous le dernier gouvernement, avec une presse beaucoup plus libre, et des colléges électoraux infiniment plus nombreux et plus libéralement constitués, il n'y avait rien de possible par la discussion et les élections, et qu'une révolution était indispensable? Je dis qu'une telle thèse ne se peut soutenir. Je dis que si on avait été véritablement préoccupé du désir de faire cesser la corruption politique, on l'aurait pu sans de longs efforts et par les seuls moyens de défense dont on était en possession. Je dis qu'il suffisait pour cela de le vouloir et de s'y bien prendre, c'est-à-dire de travailler avec un degré suffisant d'intelligence, de courage, de persistance à éclairer la majorité désintéressée des électeurs, à leur donner une idée vraie de la situation des choses, à leur faire comprendre comment le gouvernement, depuis son origine, n'avait cessé de se trouver placé entre l'émeute et la corruption, entre des factieux toujours prêts à lui tirer des coups de fusil, et des masses de solliciteurs toujours disposés à lui tendre la main, entre des partis finalement, divers pour la forme, mais identiques au fond, qui, dans leur ardeur à le servir, ou à le culbuter pour prendre sa place, étaient au fond préoccupés de la même pensée, posséder et exploiter le pays, et à quel point il était essentiel de se tenir en garde contre les uns et contre les autres.

Quelle nécessité, par exemple, n'y avait-il pas de distinguer des véritables conservateurs, ceux qui se montraient résolus surtout à conserver, à perpétuer les abus; qui ne trouvaient jamais que le moment fût venu d'opérer une réforme utile; qui, loin de voir avec désapprobation le gouvernement accaparer toujours plus de choses, étendre sans relâche ses attributions, dépasser tous les ans la limite assignée à ses dépenses, l'excitaient au contraire à tout cela et n'avaient d'autre préoccupation, en présence de ces dangereux excès, que celle d'en tirer personnellement quelque avantage, ou d'en faire profiter leurs entours, leurs proches, leurs amis, leur endroit, leur clientèle électorale?

A quel point, d'un autre côté, n'était-il pas nécessaire de se défier de ces diverses oppositions, si vertueuses en apparence, toujours si saintement indignées, qui, n'ayant jamais à faire au pouvoir que des plaintes, lui reprochaient avec fureur des griefs sans importance réelle, et se montraient d'ailleurs pleines d'indulgence pour le maintien de graves abus; qui se donnaient bien de garde d'en attaquer aucun au détriment de leur influence; qui défendaient, loin de là, tous ceux que couvraient de leur puissant patronage les majorités électorales dont elles avaient besoin de se ménager l'appui, et, dans leurs déclamations quotidiennes, se livraient avec une égale ardeur au travail d'exalter les esprits et à celui de les corrompre?

Certes, une presse honorable et avisée qui se serait appliquée de la sorte à donner l'éveil sur les tendances réelles des divers partis et qui aurait entrepris d'intéresser la masse des bons citoyens à défendre, avec un égal courage, le gouvernement de leur choix contre les uns et contre les autres, contre l'obséquiosité intéressée de ceux-ci et contre la violence non moins corrompue de ceux-là, un telle presse, dis-je, aurait, en agissant ainsi, travaillé beaucoup plus efficacement à la correction des abus qu'il n'était possible de le faire en donnant les mains à une révolution, et qu'on ne l'a fait à coup sûr, en livrant le gouvernement de Juillet, par haine du parti médiocrement désintéressé, je l'avoue, qui le soutenait, à la fureur vindicative ou à l'avidité grossière de ceux qui travaillaient depuis si longtemps à le renverser.

Il est vraiment étrange qu'une population aussi intelligente que celle de Paris, et exercée d'aussi longue main aux luttes politiques, n'ait pas senti ce qu'il y avait de dangereux à se prononcer ainsi entre les uns et les autres, et surtout à choisir comme elle l'a fait, à se déclarer pour les plus violents, sans prendre la peine d'examiner s'ils n'étaient pas aussi les moins éclairés, les moins scrupuleux, les plus avides, et à leur prêter une assez forte assistance pour leur permettre de substituer leur domination à celle du pouvoir établi.

Quoique je ne veuille pas anticiper sur ce que j'aurai à dire plus loin des suites si horriblement désastreuses qu'a eues pour elle cette grave erreur et la catastrophe lamentable qui en est résultée, il m'est impossible de ne pas faire remarquer combien elle avait de raisons solides et sérieuses, non seulement pour s'abstenir de favoriser ce bouleversement, mais encore pour le combattre de toutes ses forces.

Il y avait un manque absolu non seulement de justice, mais, il faut le dire, de prudence et de jugement à abandonner, comme on l'avait fait, aux agressions sans mesure de toutes les oppositions conjurées un gouvernement qu'après tout on ne pouvait pas accuser d'avoir manqué aux lois essentielles de sa nature, et à le laisser traiter comme eût à peine mérité de l'être le régime le plus tyrannique et le plus irrégulier. Voulons-nous donc que nos gouvernements n'aient jamais qu'une existence précaire? Qu'ils se sentent perpétuellement menacés? Qu'ils soient sans cesse obligés d'appliquer à leur propre défense un temps et des ressources qu'il serait si désirable de les voir employer au soin des intérêts communs ? Si l'on se dispense envers eux de toute loyauté, peut-on espérer qu'ils se piquent d'une loyauté bien exemplaire ; et croit-on qu'ils deviennent bien propres à maintenir la sûreté publique tant qu'ils ne pourront jouir eux-mêmes d'aucune sécurité ?

J'ai dit et je répète qu'il n'y avait pas le moins du monde, dans les maux dont on se plaignait, matière à révolution ; que toutes les garanties constitutionnelles étaient intactes, et qu'en admettant qu'on eût des abus à réparer, le pays, pour en avoir raison et y mettre ordre, avait dix fois plus de moyens qu'il ne lui en fallait ; que la grande affaire était de lui rendre ces abus sensibles, de lui faire comprendre à quel point ils étaient dangereux, à quel point étaient dupes, en particulier, les majorités électorales qui se laissaient entraîner à les appuyer de leur suffrage, et d'intéresser ces majorités à trouver des députés qui voulussent sérieusement les faire cesser.

J'ajoute qu'en admettant que certaines tendances du gouvernement avaient besoin d'être rectifiées, le moyen qu'on a choisi pour cela était hors de proportion avec la fin qu'il s'agissait d'atteindre ; que, pour réparer un mal qui ne présentait rien d'extrême, il n'y avait pas lieu d'en venir aux dernières extrémités, et que bouleverser de fond en comble toutes les institutions pour remédier à ce qu'il pouvait y avoir, dans le pays, de corruption électorale ou parlementaire, c'était tenir une conduite à peu près aussi intelligente que celle de cet ours de la fable qui écrase la tête de son ami pour avoir raison de la mouche qui l'empêche de dormir.

J'observe encore qu'en admettant qu'on pût dire, ainsi qu'on le faisait, que la révolution de 1830 avait livré le pays à une aristocratie nouvelle qui l'exploitait plus rudement que ne l'avait fait l'ancienne, et dont le gouvernement était d'un tiers plus dispendieux; rien n'était moins sage, pour mettre ordre à cela, que de recourir à une révolution nouvelle, et que si c'est dans cette vue que la population de Paris s'est décidée à prêter main-forte aux révolutionnaires de février, elle n'a guère fait preuve, dans cette détermination, du sens judicieux et avisé qui la distingue. Qui ne sait, en effet, que les révolutions sont une prime énorme offerte à certains aventuriers de la pire espèce et à toutes les espèces d'aventuriers; qu'il n'est chose au monde qui soit plus propre à enflammer les passions cupides, à multiplier le nombre des ambitieux, à imprimer une direction déréglée à l'activité générale, à faire enfler outre mesure les attributions et les dépenses du gouvernement? et qui devrait mieux savoir cela que la population parisienne, qui a été, depuis soixante ans, témoin de tant de révolutions, et qui, à chaque révolution nouvelle, a vu fondre sur elle et sur le pays tant de nouvelles cupidités et s'accroître dans de si lourdes proportions la masse des charges publiques? Il faut croire que, lorsqu'elle a cédé aux détestables instigateurs du dernier bouleversement, elle n'avait pas présente à l'esprit la fable de ce certain renard blessé à la chasse et souillé de sang et de boue, à qui un hérisson de voisinage était venu offrir de le délivrer des mouches qui le dévoraient :

> Garde-t'en bien, dit l'autre, ami ne le fais pas;
> Laisse-les, je te prie, achever leur repas :
> Ces animaux sont saouls, une troupe nouvelle
> Viendrait fondre sur moi plus âpre et plus cruelle.

On verra bientôt si l'événement a justifié les prévisions du fabuliste, et s'il n'y avait pas sujet de craindre qu'une révolution nouvelle fît fondre, en effet, sur le pays de nouvelles troupes d'affamés.

Certains amis de la liberté ne doutaient pas qu'il ne suffît d'avoir culbuté la monarchie et fait surgir brusquement à sa place une république quelconque, pour que les réformes libérales les plus désirables dussent être immédiatement réalisées.

De toutes les espérances dont il était possible de se bercer, celle-ci était assurément la plus illusoire.

Il n'était pas douteux que la subversion qui venait d'être opérée ne fût un fait matériellement très considérable; qu'elle n'eût fait subir au pouvoir une profonde transformation : elle faisait partir de beaucoup plus bas le mouvement politique; elle assignait une base infiniment plus large à l'électorat et à l'éligibilité; elle rendait électif le pouvoir suprême. Mais qu'allait-il résulter, pour l'extension et le perfectionnement des libertés privées, de cet immense et soudain accroissement de la liberté politique? La personnalité humaine en sortirait-elle plus respectée? La sécurité, la liberté, la dignité des individus allaient-elles y gagner ou y perdre?

Il est possible, sans doute, qu'un gouvernement républicain se montre favorable à la liberté : témoin ce grand exemple de la république des États-Unis, qui laisse aux individus, dans tout ce qui n'a rien d'immoral ou d'injuste, la libre et pleine disposition de leurs facultés, et qui fait même, du maintien inviolable de cette liberté, l'objet essentiel de son existence. Mais il est très possible aussi, et il ne serait que trop aisé d'en citer des preuves, que la forme républicaine se montre on ne peut plus irrespectueuse pour la liberté privée. Le despotisme le plus sanglé peut se concilier à merveille avec les droits politiques les plus radicaux, et le suffrage universel n'exclut nullement l'oppression des individus par la masse. Bien loin de là, c'est à la faveur de ce grand expédient que certaines démocraties brutales essaient ordinairement de fonder leurs plus dures tyrannies, et c'est très particulièrement par ce moyen que la république socialiste de février se flattait de faire accepter son utopie spoliatrice, et de mettre les classes qui possèdent quelque chose à la discrétion de celles qui ne possèdent rien.

Ceux qui attendaient de cette république là, toute révolutionnaire et toute radicale qu'elle avait le mérite d'être, des réformes favorables à la liberté, se faisaient des illusions la plus grande. Elle venait, non pour accroître la liberté, mais pour la détruire. Elle venait interrompre le travail auquel l'humanité, au moins dans notre race, est livrée depuis les temps les plus anciens, pour soustraire les individus à toute domination injuste. A force de temps, de patience et d'efforts, elle a conquis pour tout homme une série d'inappréciables droits : le droit d'acquérir, de posséder, de disposer, de transmettre; le droit d'acquérir s'entend par le travail; le droit d'exercer toute sorte d'honnêtes travaux, et non seulement de travaux manuels, mais de travaux intellectuels et moraux; le droit d'écrire, d'enseigner, d'exercer et de professer le culte de son choix; le droit de conserver et d'accumuler les fruits de ses travaux de toute espèce; le droit de disposer de ces fruits; celui de les échanger et de les transmettre. La préoccupation politique la plus profonde des peuples occidentaux, depuis de longs siècles et de génération en génération, était d'étendre ces divers droits, de les perfectionner, de les affranchir de plus en plus de toute inutile entrave. On sait où nous en étions en France de ce travail, quand la révolution est venue nous surprendre, et pourquoi elle est venue. Elle est venue avec l'incroyable prétention non seulement de l'arrêter ce travail, mais de le détruire, de nous faire brutalement rebrousser chemin jusqu'à l'origine de la société et recommencer la société d'après des données nouvelles. Elle est venue avec la pensée de substituer violemment aux travaux particuliers des travaux généraux, de déposséder les individus au profit des masses, de confisquer toute liberté et toute propriété individuelles au profit de je ne sais quelle liberté et quelle propriété collectives auxquelles seraient préposés des régulateurs. Voilà les réformes libérales qu'elle est venue apporter aux amis de la liberté. Ils espéraient d'elle des merveilles, et il a fallu qu'ils appliquassent immédiatement toutes leurs forces à lui disputer ce qu'ils avaient mis trois mille ans à conquérir. De quoi s'agissait-il pour eux la veille de son triomphe?

Vous en souvient-il? De la liberté de l'enseignement, je crois, du libre échange de peuple à peuple? Oubliez tout cela leur a-t-on dit; remettez à d'autres temps ces conquêtes; vous y pourrez songer quand vous aurez battu et rebattu la bête sauvage de février, la révolution démagogique et sociale; quand vous lui aurez arraché des mains l'ancienne société, qu'elle est en train de mettre en lambeaux. Il s'agit, pour le moment, de dérober à ses coups la famille, l'hérédité, la propriété, institutions primordiales contre lesquelles vous n'auriez pas cru que toutes les portes de l'enfer réunies fussent capables de prévaloir, et qu'elle a l'inimaginable folie d'attaquer, et l'impudent espoir de détruire.

Mais la révolution aurait été faite dans une pensée aussi raisonnable qu'elle avait en réalité un but stupide et insensé; elle aurait été entreprise en vue de la liberté même et ne se serait rien proposé qui n'eût pour objet son avancement, qu'elle l'aurait mal servie encore, et qu'elle l'aurait mal servie quand, par impossible elle aurait fait arriver au pouvoir les hommes qui lui étaient les plus dévoués.

Qu'y aurait-il eu, en effet, de changé dans le pays après ce nouveau revirement d'hommes et de choses? Y aurait-il eu un bon sentiment ou une bonne idée de plus? Les amis éclairés de la liberté s'y seraient-ils rencontrés en plus grand nombre? Y aurait-il eu pour eux un grand avantage à se voir portés prématurément au pouvoir? Leur aurait-il servi à grand'chose de se trouver en majorité dans le ministère s'ils ne l'avaient pas été à la Chambre et s'ils l'étaient encore moins dans le pays? La révolution, par son caractère démocratique, élevait immédiatement à l'électorat et à l'éligibilité les classes de la société les moins instruites : y avait-il dans l'avénement de ces classes de quoi les rassurer beaucoup? Et, s'ils n'avaient pu conquérir encore la majorité dans l'esprit des classes moyennes, leur serait-il plus aisé de l'obtenir dans celui de ces masses populaires, que les oppositions les plus extravagantes et les plus haineuses travaillaient, depuis dix-sept ans, à infester de leurs idées? La révolution, quand elle eût été dans ses vues aussi favorable à la liberté qu'elle lui était profondément hostile, ne leur eût donc encore servi à rien; et, par cela seul qu'elle les mettait en présence des classes les moins préparées à la recevoir, en présence des classes de la société les plus nombreuses et les moins instruites, il tombe sous le sens qu'elle leur rendait tout progrès plus mal aisé. Je ne sais comment ils ne l'ont pas compris à l'instant même.

Cette révolution, qui a porté le désordre dans tant de choses, l'a mis surtout dans le peu d'idées raisonnables que nous semblions avoir acquises sur la manière de procéder à des corrections d'abus et à des améliorations. Non seulement elle a imprimé une direction détestable à l'esprit de réforme, mais on dirait encore qu'elle a fait oublier à tout le monde comment et à quelles conditions une bonne réforme se peut accomplir. On a semblé croire qu'il n'était pas de changements, pour si considérables qu'ils fussent, qu'on ne pût tenter d'opérer immédiatement; et il y a eu dans ce genre, en effet, des entreprises incroyables, ne fût-ce que le fait d'avoir voulu changer subitement la monarchie constitutionnelle en une république à laquelle personne ne songeait, pas même ceux qui l'ont faite, et si on en veut la preuve, la voici : « *Je déclare hautement*, est venu dire en pleine tribune un de ses auteurs, le 11 septembre dernier [1], *je déclare hautement que le 24 février, à midi, je ne pensais pas à la république.* » Ce grand réformateur ne pensait pas encore, à midi, à une république qui lui a paru réalisable à une heure ! et dont il n'a pas hésité à favoriser l'établissement de tout son pouvoir !... Un autre, celui-là même qui avait eu le premier l'idée de cette soudaine transformation, ne pouvait dissimuler, dix mois après l'avoir accomplie, que la question de savoir si la république était dans les vœux de notre pays ne fût dans son esprit l'objet d'un grand *peut-être*. Qu'on juge par ces échantillons, — et, s'il y en a eu peu d'aussi étranges, j'en pourrais exhiber une multitude de fort singuliers, — qu'on juge, dis-je, par ces échantillons de la capacité, comme réformateurs, de nos révolutionnaires, de leur sagesse et de leur habileté.

Je ne sais vraiment si nous sommes destinés à jamais savoir comment s'accomplissent les réformes, et s'il peut y avoir quelque utilité de dire comment doivent être faites celles au moins qu'on voudrait voir durer un peu. A tout hasard, et pour l'édification de ceux qui ont eu la bonhomie de croire que la révolution était destinée à accélérer parmi nous les progrès de la liberté, je demande la permission de répéter une chose que j'ai cent fois écrite, à savoir que les révolutions n'accélèrent rien ; qu'il n'y a pas moyen de faire à une réforme la courte échelle ; qu'elle

[1] Voyez dans le *Moniteur* le compte rendu de la séance de ce jour.

ne devient possible et ne peut être solidement accomplie que lorsque les idées sur lesquelles elle repose ont acquis une sincère et incontestable majorité ; qu'elle finit toujours alors, et quelle que soit la disposition des anciennes idées à résister, par devenir inévitable ; que le vrai moyen donc de rendre possible une chose réellement désirable c'est d'y préparer convenablement les esprits. C'est ainsi, du reste, qu'en ont imperturbablement usé, depuis leur révolution de 1688, nos voisins de l'autre côté de la Manche ; et s'ils n'avancent ainsi qu'à pas comptés, ils avancent au moins, d'une manière sûre et constante, et ils ne sont pas sans cesse obligés de revenir sur leurs pas. Tenons pour assuré qu'à notre place, ils n'eussent pas consenti en février à prêter main-forte à l'émeute, et surtout ils n'eussent pas souffert qu'elle les menât à une révolution. Ils n'estiment pas qu'une révolution soit jamais nécessaire, quand on a la possibilité de préparer par la discussion les réformes vraiment désirables, et de réaliser par la législation les réformes suffisamment préparées. C'est, au surplus, la réflexion que faisait, en termes éloquents, un de leurs hommes d'État les plus illustres, le ministre lord John Russell, à la suite de nos pitoyables événements de février : « Après tout ce que nous avons fait, depuis cent soixante ans, disait-il, avec une presse et une tribune libres, nous n'avons pas besoin, pour améliorer ces conquêtes, d'entrer en lutte sanglante, et nous pouvons nous reposer, pour arriver à la perfection, sur le mouvement naturel de la société et sur le progrès pacifique et constant des affaires humaines. »

Ainsi aurions-nous dû faire, et ainsi aurions-nous fait

sans doute, avec non moins de chances de succès que nos voisins, si nous avions été sincèrement préoccupés de l'introduction de certaines améliorations ou de la correction de certains abus; s'il s'était véritablement agi, par exemple, de faire comprendre aux électeurs le danger des préoccupations intéressées qui présidaient si souvent à leurs opérations électorales, ou la sérieuse importance qu'aurait pour le pays l'acquisition de quelques nouvelles libertés; et il n'est pas le moins du monde douteux que, pour le succès de telles réformes, la chose vraiment essentielle ne fût de procurer par d'actives discussions aux idées qui leur servaient de base une majorité qu'elles n'avaient pas encore obtenue. Malheureusement, tandis que rien ou presque rien n'était préparé dans le pays pour en obtenir ce genre d'efforts, tout y était disposé, au contraire, pour l'entraîner à une révolution. Non seulement les oppositions ouvertement hostiles ne visaient pas à autre chose, mais celles-là mêmes dont les vues n'avaient pas cessé d'être loyales y poussaient, d'une manière presque inévitable, par l'aveugle ardeur de leurs agressions.

LIVRE QUATRIÈME.

Comment, sans être nécessaire, la révolution n'a pu être évitée.

Il est triste, mais il n'est que trop vrai de le dire, les luttes politiques qui divisaient notre malheureux pays étaient profondément personnelles. Entre les partis qui se disputaient le pouvoir, il s'agissait, en réalité, non de doctrines à faire triompher, mais de positions à conquérir ou de personnages à supplanter. Les tendances des uns et des autres étaient foncièrement illibérales, et, sous ce rapport, il n'y avait guère entre eux de différence que du plus au moins. Le parti ministériel, chose singulière et vraie, que je ne veux avoir ni l'injustice ni la lâcheté de passer sous silence, le parti ministériel était de tous évidemment le moins hostile à la liberté. Les libertés de l'enseignement et des échanges, par exemple, celles dont la discussion était plus particulièrement à l'ordre du jour, rencontraient sans contredit moins de résistance dans le ministère que dans l'opposition, et dans les oppositions modérées que dans les oppositions radicales et socialistes. Plus on avançait vers les partis extrêmes, et plus on était sûr de découvrir de passions brutalement dominatrices et d'esprit d'accaparement au profit du pouvoir. Ce n'était donc point, il faut bien le reconnaître, pour obtenir de lui des concessions plus favorables à la liberté qu'on lui faisait la guerre. L'objet essentiel de cette guerre était de l'abattre pour le remplacer. Les partis, il est vrai, n'allaient pas à cet égard dans leurs projets aussi loin les uns que les autres. S'il ne s'agissait pour les oppositions dynastiques que de renverser le cabinet, et, pour quelques hommes peut-être, d'amener le roi à une abdication qui hâtât l'avénement de la régence et qui la fît changer de mains, les partis républicain et légitimiste, irréconciliables ennemis de la royauté de 1830, ne visaient pas à moins qu'au renversement plus ou moins prochain de la dynastie. Il y avait seulement entre eux cela de commun qu'ils en voulaient tous aux personnes infiniment plus qu'aux choses ; et, tandis que le ministère, placé en présence de partis acharnés à sa ruine, était naturellement entraîné à se préoccuper beaucoup du soin de sa conservation, et, malheureusement, ne se montrait pas dans le choix des moyens aussi scrupuleux et aussi éclairé qu'il aurait dû l'être, ses adversaires, d'un autre côté, ne reculaient, pour déterminer sa chute, devant l'emploi d'aucun expédient, et s'accrochaient, pour parvenir à le renverser, aux prétextes quelquefois les plus misérables.

Tous les ans, dans l'intervalle et surtout à l'approche des sessions, un plan de campagne, destiné à être mis à exécution à l'ouverture des Chambres, était préparé contre lui. On n'avait garde d'assigner à ces luttes aucun objet véritablement utile et sérieux, aucune question générale et importante. On s'attachait au premier fait venu, politique, administratif, diplomatique, sur lequel, en abusant plus ou moins le public, il parût possible de le passionner : *au recensement des portes et fenêtres*, — *au droit de visite*, — *à l'indemnité Pritchard*, — *à la question des mariages espagnols*, que sais-je? Ces sujets venaient prendre, pendant plusieurs mois dans la presse, et, à l'ouverture des sessions, dans les premiers débats des Chambres, une place hors de proportion avec ce qu'ils offraient d'intérêt réel. On s'en occupait avec une persistance et une ardeur que pouvait seul expliquer l'usage qu'on en comptait faire, et la passion allait croissant jusqu'au moment où un vote favorable au ministère, enlevant à ses ennemis l'espoir de trouver dans la question engagée le moyen de le mettre à terre, les en dégoûtait tout à coup, la leur rendait immédiatement indifférente, et venait apprendre à tout le monde l'espèce et le degré d'intérêt que réellement ils y avaient pris. C'était une affaire manquée, voilà tout, et qu'on se hâtait d'oublier, en attendant qu'une nouvelle occasion s'offrît de courir, sur un autre sujet, les mêmes chances.

L'année dernière, celui qui avait été choisi pour défrayer cette misérable lutte périodique, était, on s'en souvient, la *corruption politique*, et la nécessité, comme moyen d'y remédier, d'une réforme électorale et parlementaire. Je n'examine pas jusqu'à quel point cette réforme pouvait être un moyen efficace de combattre le mal qu'il s'agissait de guérir. L'événement a prouvé, comme on devait s'y attendre, que l'usage de ce moyen, même en le poussant aux dernières limites, ne pouvait, en déplaçant le mal, faire autre chose que l'étendre et le rendre plus profond et plus invétéré. Mais qu'importe? Laissons là pour le moment cette question. Il ne s'agissait guère, à dire vrai, ni du mal ni du remède. Il s'agissait de continuer la guerre inexorable qu'on poursuivait contre le cabinet. Or, on ne peut nier que, pour le détruire, le moyen cette fois n'eût été plus heureusement choisi, et qu'en accusant le pouvoir de corruption, on ne l'attaquât par le point où il était le plus vulnérable. Le grief, en effet, n'était que trop sérieux et trop réel. Diverses circonstances d'ailleurs avaient contribué à lui donner un caractère fort grave. Des hommes publics, placés dans les conditions les plus élevées, avaient encouru, pour des faits de corruption de nature à appeler la répression des tribunaux, des condamnations infamantes. Tel autre encore s'était dérobé par la fuite au danger de subir un châtiment judiciaire non moins mérité. Les partis hostiles s'étaient rués avec une joie immodérée sur ces faits coupables, dont ils sentaient tout le parti qu'on pouvait tirer contre le gouvernement. Ils l'accusaient d'avoir, par son relâchement, par son indifférence sur des articles essentiels de moralité politique, par sa disposition à favoriser les passions cupides et certains moyens médiocrement honnêtes de s'enrichir, contribué à faire naître les mœurs dont ces faits odieux étaient le triste symptôme. Ils les avaient colportés partout, en en signalant dans le gouvernement la cause immédiate, et en excitant violemment les populations à avoir raison de la *corruption politique*, qu'ils accusaient de les avoir engendrés.

Une circonstance des plus graves rendait ce nouveau

plan d'attaque particulièrement dangereux. Tandis que, pour les raisons que j'ai dites, le gouvernement, avec tous ses moyens matériels de défense, était, en réalité, si faiblement défendu, toutes les oppositions, cette fois, s'étaient unies pour le combattre. Les diverses fractions de l'opposition constitutionnelle, qui avaient eu jusque-là la sagesse et l'honnêteté de se tenir soigneusement séparées des oppositions anarchiques, s'obstinant à ne pas comprendre que si la majorité ne leur arrivait pas, c'était qu'apparemment elles ne faisaient pas ce qui était nécessaire pour la conquérir, fatiguées de l'attendre, égarées par l'irritation, venaient d'avoir l'inqualifiable imprudence d'accepter le concours des partis révolutionnaire et contre-révolutionnaire; et, comme ces partis, infiniment plus engagés et plus compromis qu'elles dans nos luttes politiques, étaient seuls véritablement organisés et seuls en mesure d'envahir le pouvoir, si le gouvernement venait à essuyer quelque grave échec, on peut dire qu'en acceptant leur concours, elles se plaçaient inévitablement à leur suite. Elles ne le croyaient sûrement pas : il tombe sous le sens qu'elles n'eussent pas consenti, si elles l'avaient cru, à se placer dans une situation à la fois si dangereuse, si humiliante et si peu conforme à la loyauté dont elles faisaient profession; mais c'était pourtant la réalité même, et l'événement ne devait leur faire, hélas! que trop tôt l'affront sanglant de le leur apprendre.

En réalité, dis-je, elles ne venaient qu'à la suite des partis anarchiques conjurés contre le gouvernement. Si ceux-ci voulaient bien permettre qu'elles eussent, jusqu'à un certain point, l'air de diriger le mouvement, c'était bon pour la montre et comme moyen d'inspirer confiance à cette partie considérable du public libéral qui, en désirant, à tort ou à raison, la chute du ministère, ne visait nullement d'ailleurs à une révolution ; mais là se bornait, en toute vérité, le rôle qu'elles jouaient dans l'entreprise; elles n'y participaient que pour en rendre le succès plus facile en servant à en masquer le véritable but, et, de fait, elles n'en étaient point maîtresses ; c'était aux partis anarchiques qu'en appartenait foncièrement la direction. Si ces partis, dans les banquets où toutes les oppositions se trouvaient si étrangement amalgamées, ne portaient pas explicitement de toasts à la république, ils ne souffraient pas non plus qu'il en fût porté à la royauté; ils exigeaient, en général, qu'on s'en tînt au mot équivoque de *réforme*, dont chacun, dans sa pensée, pouvait, à son gré, étendre ou limiter le sens; et même, sous ce mot de réforme, il leur arrivait fréquemment de préparer de loin les esprits à la mise en œuvre par la terreur de ces doctrines démagogico-socialistes dont nous les avons vus poursuivre plus tard l'application. L'objet même de leurs réunions et de leurs discours était d'arriver le plus tôt possible à la réalisation de ces doctrines. Ils l'ont maintes fois affirmé depuis, et il fallait vraiment aux oppositions modérées plus que de la bonne volonté pour ne le pas comprendre.

Le gouvernement le comprenait assez bien, lui, et, à l'ouverture des Chambres, le discours de la couronne avait parlé avec un sentiment de tristesse bien naturel et bien légitime de l'agitation que fomentaient des *passions aveugles ou ennemies*. L'événement devait bientôt montrer si ces passions étaient ou n'étaient pas *ennemies*, et si les hommes honnêtes qui favorisaient, sans le savoir, les desseins abominables qu'elles recelaient étaient ou n'étaient pas *aveugles*. Cependant, à ces mots d'aveugles et d'ennemis, quelques hommes, dans le nombre des aveugles surtout, s'étaient tenus pour offensés, comme si on leur eût adressé le reproche le plus injurieux et le plus injuste, et, plus que jamais, ils s'étaient montrés disposés à faire cause commune avec ceux qu'on avait eu, disaient-ils, *la maladresse* de qualifier d'ennemis. Or, ces ennemis étaient, pour la plupart, des conspirateurs trop exercés pour ne pas chercher à faire habilement leur profit de l'émotion de leurs utiles auxiliaires, et ils s'étaient bien promis de recueillir, avec leur concours volontaire ou forcé, le fruit de l'agitation violente qui avait été semée depuis six mois. C'était de Paris que cette agitation était partie; c'était à Paris qu'elle revenait, avec les nombreuses recrues qu'elle avait faites en route et le surcroît d'exaltation dont elle s'était animée en courant. Tout était prêt, quand on commença, à l'occasion du dixième paragraphe de l'adresse, la discussion sur *la réforme*, *les banquets* et *le droit de réunion*, pour en faire sortir tout ce qu'elle devait produire. Les chefs de l'intrigue révolutionnaire avaient convoqué à Paris le ban et l'arrière-ban des sociétés secrètes; ils s'y trouvaient entourés déjà d'une multitude d'hommes dangereux, et ils ne leur manquait plus, en quelque façon, que de faire surgir du fond même du débat engagé devant la Chambre une querelle qui leur permît de pousser les choses aux dernières extrémités. Rien ne leur fut moins difficile. Il leur suffit pour cela de provoquer à Paris même, en ayant soin de la rendre dès l'abord assez inquiétante pour que le gouvernement fût inévitablement entraîné à la prohiber, une de ces réunions sous forme de banquet qui avaient inspiré la phrase contre *les passions ennemies ou aveugles*, réunions auxquelles une partie de l'opposition constitutionnelle avait assisté, auxquelles elle ne pourrait se dispenser d'assister encore, et qu'elle allait être obligée de prendre sous sa protection. Leur art, en évitant de se trop produire, en poussant l'opposition constitutionnelle à se mettre en avant, en lui laissant croire qu'elle avait l'initiative du mouvement et qu'elle en resterait maîtresse, fut de l'engager de plus en plus dans leur propre voie, et de lui faire commettre, au profit de leurs desseins, toutes les fautes qu'ils avaient besoin qu'elle fît pour en assurer le succès. Elle fut assez malheureuse pour ne s'en épargner aucune.

Sa seule présence dans une entreprise où figuraient et jouaient le rôle le plus actif des partis redoutables, organisés, armés, ennemis déclarés du gouvernement, en était déjà une énorme.

Cette première faute se trouvait sensiblement aggravée par le peu de soin qu'elle avait pris de se rendre compte de sa situation et des suites que pourrait avoir sa démarche. Elle ne prenait pas garde que, quel que pût être son crédit, elle n'exerçait, en réalité, d'influence que sur des opinions désorganisées; qu'elle ne disposait proprement d'aucune force; qu'elle n'avait aucun moyen matériel de dominer la situation, et que, dans un moment donné, il lui serait impossible d'empêcher que les partis anarchiques n'abusassent contre elle-même des passions qu'elle leur aurait aidé à soulever.

On ne peut nier qu'elle n'ait été pour beaucoup dans le développement qu'ont pris ces passions et dans le rôle qu'elles ont joué. Sa seule présence dans l'entreprise a puissamment contribué à déterminer la conduite si regrettable qu'y a tenue la population de Paris; et l'attitude de cette population, celle notamment de la garde nationale, ont eu, on le sait assez, une influence décisive sur le résultat du mouvement.

Au moment où a commencé la discussion qui devait amener ce terrible résultat, elle se serait peut-être bien passée de toute manifestation extérieure à la Chambre qui pût passionner le débat au delà de ce qui était nécessaire pour amener la dissolution du cabinet; mais ce n'était pas le compte des partis extrêmes, qui voulaient, eux, au contraire, que les choses fussent poussées aussi loin qu'il serait possible de les conduire. Aussi le premier soin de ces partis, sitôt que la discussion sur la réforme eût commencé, fût-il d'annoncer un banquet réformiste; et, le gouvernement, qui sentait le danger qu'aurait à Paris, en un tel moment, et au point où les choses en étaient venues, une semblable manifestation, ayant annoncé qu'il serait obligé de l'interdire, l'opposition constitutionnelle, qui avait assisté à de nombreuses réunions de ce genre et qui se sentait liée par ces précédents, ne crut pas pouvoir se dispenser de protester contre la résolution que le gouvernement avait prise, et de prendre contre lui, au profit des passions anarchiques, fait et cause pour le banquet annoncé.

C'était là une situation fort grave. Les chefs de l'opposition constitutionnelle le sentaient, et, pour éviter qu'elle ne se dénouât par un conflit violent, dont il n'était pas possible de calculer les suites, ils avaient paru consentir à ce que la manifestation annoncée se passât assez simplement pour ne donner lieu qu'à un débat devant l'autorité judiciaire. Mais ceci était encore moins le compte des partis exaltés, qui ne voulaient pas que la grande émeute qu'ils avaient mis six mois à préparer n'aboutît qu'à un misérable procès devant la police municipale ; et, tandis que maints députés de l'opposition auraient voulu qu'on se rendît individuellement à la réunion projetée, les partis anarchistes, observant qu'une telle manière d'agir ne serait qu'*une indigne comédie jouée au profit du ministère*, annoncèrent avec fracas que les députés de l'opposition, des pairs de France, des magistrats, un grand nombre de gardes nationaux en uniforme et précédés de leurs officiers, les jeunes gens des écoles, etc., formant un immense cortége, se rendraient solennellement au banquet; et, poussant ainsi le ministère dans ses derniers retranchements, ils le mirent en demeure de faire ce qu'il avait annoncé qu'il ferait, et le forcèrent à interdire formellement la manifestation. Il ne leur en fallait pas davantage. L'émeute était prête à faire explosion; il ne lui manquait qu'un prétexte, et le prétexte venait d'être fourni. Dès lors la manifestation annoncée devenait inutile, et les meneurs y renoncèrent immédiatement. Ils ne voulaient pas (dirent-ils, au moment même où ils allaient ensanglanter Paris, et avec une bonne foi et une innocence de cœur bien digne de l'esprit révolutionnaire), ils ne voulaient pas *exposer les citoyens à des collisions certaines et sanglantes; le patriotisme et l'humanité leur prescrivaient d'éviter de telles extrémités... Ils laissaient au pouvoir la responsabilité des provocations et des violences*, etc. Seulement, ils espéraient que l'opposition de la Chambre, touchée de tant de modération et de longanimité, voudrait bien demander sur-le-champ la mise en accusation d'un ministère qui venait de *conduire la population de Paris au seuil de la guerre civile... qui excitait depuis longtemps le mépris et l'indignation du pays...* Et le lendemain, en effet, au moment même où l'émeute venait d'éclater, et où le ministère avait à défendre la société contre l'entreprise révolutionnaire la plus redoutable, cinquante-deux membres de l'opposition avaient l'incroyable courage de demander à la Chambre sa mise en jugement [1].

On sent l'effet qu'était de nature à produire cet apparent accord de l'opposition constitutionnelle avec l'émeute. Voyant des hommes honorables, appartenant à toutes les nuances de l'opposition, et quelques-uns même d'opinions relativement modérées, prendre ainsi tous ensemble, avec une sorte de concert, fait et cause contre le

[1] Les phrases soulignées dans cet alinéa sont extraites des documents publiés par le parti révolutionnaire, à l'approche des événements. L'un de ces documents, celui par lequel le parti fait savoir qu'il renonce au banquet au moment où va commencer l'émeute, est remarquable, entre tous, par la violence et l'hypocrisie. On peut les voir dans les journaux des 22 et 23 février.

gouvernement, une partie considérable de la population de Paris, même dans les classes aisées, cédant à la contagion de l'exemple, avait cru pouvoir, sans s'égarer, manifester pour l'émeute une sorte de sympathie. Cette déplorable disposition s'était surtout trahie dans la garde nationale; et le roi, voyant des fractions importantes de cette force, préposée par la loi même à la garde de l'ordre public, s'interposer entre son gouvernement et l'émeute, servir à l'émeute de plastron, crier : *Vive la réforme!* avec elle, s'était trouvé réduit à une quasi-impossibilité de se défendre, et forcé, en quelque sorte, de disloquer son gouvernement en pleine sédition.

Cette dissolution, obtenue par la violence et au milieu de l'émeute, d'un ministère régulièrement en possession de la majorité, était déjà un fait d'une nature bien grave, et l'opposition constitutionnelle aurait fort approuvé, je suppose, que le désordre se modérât un peu. Mais ce n'était là qu'une perturbation sans importance pour les chefs révolutionnaires de la sédition, à l'ambition desquels un renversement si limité n'ouvrait aucune perspective, et il s'agit aussitôt pour ceux-ci de pousser plus loin le mouvement. Ils n'avaient travaillé jusque-là que pour les diverses nuances de l'opposition dynastique; il s'agissait maintenant de travailler aussi pour eux; et, pour cela, ils comptaient bien recourir à l'opposition encore, et se servir d'elle avec le même succès. Ils devaient déjà à sa coopération si précieuse d'avoir réussi à écarter du roi, au milieu d'une violente sédition, l'assistance de tout conseil responsable. Il s'agissait, après l'avoir fait servir à éloigner du roi le ministère, de l'entraîner, sans qu'elle pût s'en défendre, à enlever au roi le secours de l'armée. Or, deux choses pour cela étaient nécessaires : faire que l'emploi de l'armée devînt très difficile, et inspirer aux chefs de l'opposition, qui allaient être chargés de la formation d'un nouveau ministère, l'idée qu'ils pouvaient s'en passer ; — faire que l'emploi en devînt très difficile, c'est-à-dire la provoquer habilement à quelque acte meurtrier de répression, qui permît d'exciter un violent soulèvement contre elle, qui fît qu'on n'osât s'en servir, et c'est à quoi l'on réussit pleinement par le monstrueux guet-apens du boulevard des Capucines, et par l'ardeur intelligente avec laquelle ce sinistre incident fut exploité ; — faire que les chefs de l'opposition crussent pouvoir s'en passer, c'est-à-dire leur inspirer une sécurité trompeuse, leur persuader qu'ils étaient maîtres de la situation, qu'ils seraient infailliblement appuyés par la garde nationale, qu'ils trouveraient un appui meilleur encore dans leur popularité, qu'ils n'avaient, par conséquent, nul besoin, pour préserver le roi, du secours de l'armée, que le fait du boulevard d'ailleurs venait de rendre si impopulaire ; et, tandis que le sentiment qu'ils étaient autorisés à avoir de leur importance personnelle ne devait déjà que trop leur persuader tout cela, il est probable qu'on fit d'ailleurs tout ce qu'il fallait faire pour les porter à le croire ; au moins est-il certain que, tandis qu'on exploitait avec fureur le sanglant épisode du boulevard, et qu'on promenait par la ville, à la lueur des torches, les victimes qu'on s'était procurées, une nombreuse bande d'insurgés allait faire, et ce n'était pas sans doute fortuitement, une ovation bruyante à celui des chefs de l'opposition qui allait être le plus probablement chargé de la formation d'un nouveau ministère ; et il est encore plus avéré que, lorsque le 24 février au matin il s'agit de réprimer enfin avec vigueur une sédition qui avait pris durant la nuit des proportions si inquiétantes, il se trouva, parmi les conseillers que la couronne avait appelés, quelqu'un qui consentit à signer l'acte extraordinaire de ne pas se servir des troupes et de les faire retirer.

Cet acte, quel que fût le sentiment ou le calcul qui l'avait inspiré, n'eut pas l'effet qu'on avait pu s'en promettre. Il fut loin de calmer les esprits. Le plus populaire des chefs de l'opposition devenus ministres, s'étant présenté devant l'émeute, n'eût pas sur elle le crédit sur lequel on avait pu compter : elle lui fit connaître assez brutalement qu'il ne suffisait plus d'un changement de ministère, qu'elle voulait la déchéance du roi ; et comme la retraite des troupes, au service desquelles les légions restées fidèles de la garde nationale ne se pressaient pas de suppléer, venait de laisser entièrement ouverte devant elle la voie qui pouvait la conduire aux Tuileries, elle se dirigea vers la résidence royale avec le dessein d'en expulser le roi ; et elle mit dans l'exécution de ce mouvement, qui n'offrait plus grand péril à cette heure, assez de hâte et d'impétuosité pour que les nouveaux ministres n'eussent, en quelque sorte, que le temps nécessaire pour aller préparer l'abdication et le départ du souverain. Tel était, en effet, le devoir pénible et embarrassant que ces hommes politiques avaient dû venir remplir auprès du malheureux prince, et ils parvinrent, hélas ! à s'en acquitter à la satisfaction de l'émeute, soutenus et stimulés qu'ils furent d'ailleurs par le siége bruyant et meurtrier qu'elle était venue établir devant le Château-d'Eau du Palais-Royal, à quelques centaines de pas de l'habitation royale.

L'opposition continuait ainsi, jusqu'au bout, et elle ne faisait qu'obéir aux dures nécessités de la situation où elle s'était mise, à servir les desseins subversifs de la sédition. C'était sous la pression croissante de ces nécessités qu'elle venait d'être successivement entraînée à tant de déterminations graves. Elle était sans doute de bonne foi dans tout cela. Elle avait pu croire qu'elle servait le roi lorsqu'elle l'a forcé à dissoudre son ministère. Elle avait pu croire qu'elle servait la royauté lorsqu'elle a provoqué l'abdication du roi, et si ce dernier fait de l'abdication imposée au chef de l'État, profondément douloureux pour les plus loyaux de ses membres, ne l'a pas été peut-être au même degré pour tel et tel d'entr'eux, qui pouvaient nourrir contre le vieux roi certaines rancunes, et n'être pas fâchés de voir le règne de la régence arriver; au moins est-il certain qu'ils désiraient à peu près tous le maintien de la dynastie, et qu'ils croyaient fermement ne l'avoir pas compromise. Malheureusement, ils croyaient ceci sans avoir compté avec les chefs de l'intrigue révolutionnaire, qui ne doutaient pas, eux, qu'ils ne parvinssent bientôt à renverser la royauté aussi facilement qu'ils venaient de renverser le roi, et qui n'étaient malheureusement que trop fondés à avoir cette confiance. A l'heure qu'il était, en effet, il ne restait plus guère autour d'eux rien qui ne fût en pleine dissolution : le ministère était congédié; la majorité parlementaire n'avait plus de chefs; l'armée, dispensée d'agir et autorisée à se retirer de la lutte, abandonnait ses armes à la sédition ; le roi avait dû abdiquer et quitter Paris. Seuls ils restaient debout, à cette heure suprême, activement et fermement unis en vue d'un but à atteindre, en présence d'un but presque atteint ; et seuls, en réalité, ils se trouvaient en mesure de saisir le pouvoir. Ils ne comptaient pas, sans doute, pour accomplir ce dernier acte de leur entreprise, sur le concours du parti constitutionnel ; mais ils s'inquiétaient médiocrement de la résistance qu'il pourrait faire ; ils ne pensaient pas même qu'il eût le projet de résister, ni qu'il crût seulement en avoir besoin, tant il conservait au fond de sécurité et de confiance ! Ils comptaient bien réussir d'ailleurs par quelque diversion habile à le distraire assez pour empêcher qu'il se préoccupât de tels soins, et qu'il songeât à semer des obstacles sur leur route. Ils nous ont appris eux-mêmes qu'ils faisaient épier ses mouvements et veillaient à ce qu'il ne fût pris aucune précaution en faveur de la régence. Ils faisaient conduire triomphalement à son ministère le premier ministre de cette régence, et, tandis qu'ils *l'environnaient d'une démonstration factice* (ce sont eux-mêmes qui se sont exprimés ainsi), ils résolvaient à la hâte, dans un conciliabule secret, l'établissement de la république, et ils manœuvraient avec tant d'impétuosité, qu'au moment où le ministre de la régence arrivait à la Chambre, il trouvait déjà la régence désavouée, combattue, et au moment d'être supplantée par un gouvernement provisoire[1]. Il ne manquait, en

[1] Voir, dans le compte rendu de la séance de l'Assemblée nationale, du 24 mai dernier, les révélations singulières faites par

quelque façon, à ce revirement politique, que le fameux *tour de main*, qui devait le consommer. On sait avec quel soin les conjurés avaient préparé cette dernière scène. A la différence de leurs compétiteurs de l'opposition, qui ne se gardaient pas plus que s'ils n'avaient eu rien à craindre, ils avaient concerté toutes leurs mesures comme s'ils n'avaient eu que les chances les plus incertaines de succès. Leurs acteurs étaient prêts et à leur poste. Quelques-uns devaient pénétrer dans l'enceinte de l'Assemblée, à la suite de madame la duchesse d'Orléans, et, quand on proposerait la régence, protester violemment contre la proposition. D'autres, en plus grand nombre, arriveraient pendant le débat, forceraient l'entrée de la Chambre, et soutiendraient par leur présence l'énergie des orateurs de la révolution. Enfin, une dernière bande, plus nombreuse encore, et commandée par des chefs résolus, viendrait, quand il en serait temps, mettre fin à la discussion, et, faisant irruption dans les tribunes, abaissant sur l'Assemblée ses armes chargées, assurerait par cette vigoureuse démonstration une solution favorable. J'épargne

M. Ledru-Rollin. Il n'est rien dit, dans ces révélations, du conciliabule où se décidait la république, pendant que le ministre de la régence était conduit en triomphe au ministère de l'intérieur. Mais l'existence de ce conciliabule, tenu à la Chambre des députés dans l'intervalle qui sépara l'abdication du roi de l'ouverture de la séance où fut combattue et renversée la régence, est un fait historique qui n'est pas susceptible de contestation, non plus que le nom du personnage qui proposa le premier, et réussit à faire adopter, dans cette réunion, la substitution à la royauté des formes républicaines.

au lecteur le détail de ces odieuses scènes, dont j'ai été, pendant plusieurs heures, le spectateur impuissant et indigné. Tout se passa comme il avait été convenu, et avec le succès qu'on s'était promis d'avance.

Voilà donc ce que venait d'amener l'opposition dynastique, avec son animosité contre quelques noms propres et son indifférence sur le choix des moyens à prendre pour parvenir à les faire écarter. Il s'agissait de culbuter les ministres, tout au plus, pour quelques hommes, de forcer l'abdication du roi, et l'on venait de fournir à une poignée de conspirateurs le moyen de jeter la monarchie par terre.

Il faut rendre à ces conspirateurs exercés la justice de reconnaître qu'ils avaient parfaitement compris le parti qu'il y avait à tirer, pour obtenir ce grand résultat, de la situation où s'était placée l'opposition constitutionnelle, et qu'ils se sont très habilement et très puissamment aidés de son concours. Cela ne résulte déjà que trop clairement des choses qui viennent d'être dites. Ils ont pris eux-mêmes d'ailleurs le soin de l'en informer, et ils n'ont pas voulu qu'elle pût conserver à ce sujet le moindre doute. Ils lui ont hardiment révélé *qu'il ne s'agissait* pas à leurs yeux de faire preuve *de probité, d'honnêteté*, ce qu'elle avait soupçonné peut-être, *mais d'être des hommes d'État*, ce que probablement elle savait moins. Ils ont voulu qu'elle apprît de leur bouche à quel point le ministère de M. Guizot avait eu raison de la semoncer, de la traiter d'*aveugle*, de lui dire qu'elle ne savait pas à quels *ennemis* elle avait l'imprudence de s'associer et où la menaient les gens qu'elle consentait à suivre. Ils n'ont pas vu la moindre difficulté à lui confesser, en pleine Assemblée nationale, qu'ils lui avaient fait faire pendant dix-huit ans le métier de dupe, et qu'ils s'étaient particulièrement joués d'elle dans les événements de février. Il leur a paru piquant de lui apprendre comment, le 24 février, après l'abdication du roi, tandis qu'ils décernaient les honneurs du triomphe au ministre qu'elle venait de donner à la régence, ils décidaient secrètement et préparaient à la hâte, d'un autre côté, la substitution à la régence d'une république inattendue. Ils auraient pu lui dire aussi comment et *à quelle fin*, le 23 février au soir, pendant la longue et lugubre scène qui avait suivi le coup de pistolet des boulevards, ils avaient fait faire une ovation à un autre futur ministre; *pourquoi* certains des leurs, ce même soir du 23 février, parlaient de l'avénement possible de la régence avec tant d'enthousiasme et d'exaltation; quel art et quels soins ils avaient mis à soutenir sa confiance dans la durée de la monarchie, et à la préserver à cet égard de toute inquiétude; avec quel scrupule notamment ils avaient observé la principale règle de la théorie révolutionnaire professée à Bourges, et ils s'étaient abstenus de dire *le mot de la révolution* avant qu'elle ne fût achevée; par quel heureux mélange enfin de ruse et d'audace, de violence et de fourberie, ils avaient réussi jusque-là dans leur entreprise, et ils ont tâché depuis d'en compléter le succès. Quelque explicites qu'ils aient été, il n'est pas douteux qu'ils n'eussent pu s'épancher davantage encore et dire d'une manière plus complète le secret du prodigieux triomphe qu'ils avaient obtenu.

Dans la séance de la Chambre des députés dont je parlais tout à l'heure, la révolution avait été *accomplie;* mais on n'avait pas *dit le mot pour lequel elle était faite*, et si l'on venait d'apprendre que *réforme* voulait dire *révolution*, on ne savait pas si révolution allait signifier *république;* ceci, en apparence, était rigoureusement subordonné à la décision du pays; et, en effet, tous les orateurs révolutionnaires qui avaient pris part au débat s'étaient accordés sur ce point qu'il fallait consulter le pays sur le gouvernement qu'il entendait se donner, et c'était essentiellement pour cet objet qu'ils avaient demandé et que venait d'être établi le gouvernement de fait qu'on a appelé *gouvernement provisoire*. Il faut être bien fixé sur ce point pour apprécier comme elle doit l'être la suite des procédés des meneurs de la révolution.

Voici de quels arguments ils avaient fait précéder l'énergique et décisive démonstration qui avait mis fin au débat de la Chambre. Je les emprunte à la relation officielle du *Moniteur*, en ne prenant de cette relation que le plus essentiel.

« *On vient*, avait dit le premier orateur, *de proclamer la régence de madame la duchesse d'Orléans! Vous avez une loi qui nomme régent le duc de Nemours; vous ne pouvez aujourd'hui faire une loi de régence; c'est certain: il faut que vous obéissiez à la loi. Je demande qu'il soit constitué un gouvernement provisoire.* » Sur quoi un second orateur aurait ajouté: « *Nous nous sommes fort hâtés en* 1830, *et nous voici obligés de recommencer en* 1848. *Agissons avec moins de promptitude. Procédons régulièrement, légalement, fortement. Croyez-nous un peu, nous vous en supplions. Il ne s'agit pas seulement de changer quelques hommes. Sachons profiter des événements et ne laissons pas à nos fils le soin de renouveler cette révolution. Je demande qu'il soit constitué un gouvernement provisoire.»* Puis un troisième, insistant sur ces idées avec la fougue un peu bouffie qui lui est propre, avait *protesté au nom du droit* contre le projet de régence, déclaré que rien n'était possible, *sans usurpation,* que par *un appel au pays,* et il avait fini, comme les précédents, par la demande d'*un gouvernement provisoire.* Enfin, un quatrième, le dernier et le plus solennel de tous, examinant quelle force pouvait résulter, pour la régence proposée, des acclamations dont elle avait été l'objet, soit dans la Chambre, soit au dehors, n'avait pas admis *qu'une acclamation spontanée pût constituer un droit solide.* Il avait ajouté *que ce que proclamait une acclamation, une autre acclamation pouvait l'emporter;* que, *pour trouver une base inébranlable, il fallait descendre dans le fond même du pays;* et, comme ses collègues, dont il aurait, disait-il, devancé la proposition si on l'avait laissé parler, il articulait la proposition convenue, et demandait *qu'il fût constitué un gouvernement provisoire dont la principale mission serait de prendre les mesures nécessaires pour consulter le pays, le pays tout entier, la garde nationale tout entière, et qui ne préjugeât rien du gouvernement qu'il plairait au pays de se donner, quand il aurait été consulté* [1].

[1] Voir, dans le *Moniteur* du 25 février 1848, le compte rendu de la séance révolutionnaire de la veille. Ce compte rendu contient quelques erreurs assez graves touchant les faits qui se sont passés

Ainsi l'argumentation des orateurs révolutionnaires et le point de départ de la révolution, *touchant le gouvernement que le pays devait avoir*, était qu'il fallait *ne rien précipiter, ne rien décider par acclamation, ne rien préjuger sur les vœux du pays*, mais *connaître ces vœux*, connaître les vœux *du pays tout entier*, et, pour les connaître, se borner d'abord à créer un gouvernement provisoire dont la mission essentielle serait de le consulter.

Ces affectations de régularité étaient excellentes tant qu'il ne s'était agi que de battre en brèche la régence de madame la duchesse d'Orléans, qui, ne s'appuyant sur aucune loi, ni sur la manifestation régulière d'aucun vœu public, général, universel, ne pouvait, en effet, être immédiatement établie que par une sorte d'acclamation. Mais ces protestations de respect pour le vœu public allaient être infiniment moins commodes pour procéder à la subite improvisation d'une république à laquelle presque personne n'avait songé, même parmi ceux qui allaient la fonder, puisque l'un de ces illustres fondateurs a *déclaré hautement que le 24 février, à midi, il n'y pensait pas encore*, et qu'il allait s'agir de la proclamer sur-le-champ [1].

Il semble qu'une telle démarche aurait dû paraître d'autant plus difficile au gouvernement provisoire qu'elle

à la séance, mais il est, je suppose, fort exact quant aux paroles qu'on y a prononcées.

[1] Il n'est pas inutile de remarquer que celui des fondateurs de la république qui a fait cette célèbre déclaration qu'*il n'y pensait pas encore le 24 février à midi*, et qui n'en était pas moins devenu

jurait ouvertement avec la mission même qu'il venait de se donner, avec toutes les déclarations qu'il avait faites ; qu'il n'y aurait plus moyen de demander au pays quel gouvernement il entendait se donner, si l'on commençait par lui donner la république sans avoir pris la peine de lui adresser aucune demande, et qu'en un mot on ne pouvait passer outre à l'exécution de ce hardi dessein, sans faire, dès le premier pas, l'accroc le plus violent aux grands principes qu'on venait de proclamer en phrases si sonores et si solennelles.

Il faut rendre aux auteurs de la révolution la justice de reconnaître que leur conscience politique n'a pas vu à cela l'apparence d'une difficulté. Les grands principes furent oubliés tout net dans le court trajet de la Chambre des députés à l'Hôtel de Ville ; et les mêmes hommes qui venaient de dire, à propos de la proposition de la régence : « Un peu de patience, un moment, nous vous en sup- « plions, procédons d'une manière régulière ; on ne pour- « rait sans usurpation rien précipiter, rien préjuger, rien « décider par acclamation touchant le gouvernement que « voudra se donner la France ; il faut indispensablement « consulter le pays, le pays tout entier, la garde nationale « tout entière ; » ces mêmes hommes, dis-je, tout à coup, sans consulter le pays, sans consulter même la ville de Paris, sans prendre seulement l'avis de cette garde natio-

un de ses plus fermes soutiens *à une heure*, était précisément celui qui, dans la discussion de la Chambre, avait le plus dit qu'il ne fallait *rien précipiter*, *qu'on s'était beaucoup trop hâté en* 1830, qu'il fallait agir *régulièrement*, *fortement*, etc.

nale parisienne à l'appui ou à la tolérance de laquelle l'insurrection venait de devoir tous ses succès, aux seules acclamations de quelques centaines d'hommes exaltés, adoptèrent en principe la république et affichèrent dans Paris, dès le lendemain, sinon le soir même, une proclamation où l'on trouvait ces mots : *Le gouvernement provisoire* VEUT *la république*, et une déclaration ainsi conçue : « Le gouvernement provisoire déclare que *le gouvernement actuel de la France* EST *le gouvernement républicain*[1]. »

A la vérité, ces pièces ajoutaient que « la nation serait appelée immédiatement à *ratifier* par son vote la résolution du gouvernement provisoire ; » mais, outre que *ratifier une décision prise* n'était pas la même chose pour la France, dans la situation donnée surtout, qu'*examiner et décider s'il y avait eu lieu de la prendre*, ce droit de *ratifier*, qu'on voulait bien lui tenir en réserve, ne devait pas être respecté beaucoup plus longtemps que celui de *résoudre*, qu'on lui avait soufflé immédiatement après l'avoir reconnu, et, en effet, deux jours n'étaient pas encore écoulés que déja on avait rendu toute *ratification* inutile, en *proclamant officiellement* la république et en déclarant toute royauté *à jamais abolie*[2] ?

Aussi, dans tous les actes officiels où il s'agissait de cet appel à la France, qui avait dû avoir pour objet d'abord de la faire *délibérer sur le choix* du gouvernement qu'elle voudrait se donner, et puis seulement de lui faire *ratifier*

[1] *Bulletin des lois de la République*, n° 1, page 2.

[2] *Ibid.*, page 12.

le gouvernement républicain qu'on avait *choisi* et *proclamé* sans elle, ne fût-il plus question de l'appeler désormais que pour *organiser* ce gouvernement; et c'est ainsi, par exemple, que, dans un manifeste du 17 mars, les membres du gouvernement provisoire, s'adressant aux électeurs du vote universel, et les entretenant de la haute mission qu'ils vont avoir à remplir, se gardent bien de leur dire : Vous allez *choisir* le gouvernement que vous entendez vous donner, ni même vous allez *ratifier* le gouvernement que nous avons choisi pour vous, car cette ratification pourrait entraîner une sorte d'examen, mais leur disant simplement : Vous allez *organiser* ce gouvernement, *vous allez organiser la république;* ajoutant modestement : *Nous n'avons fait nous que la proclamer*, et oubliant sans doute qu'ils ont pris aussi le soin de la *vouloir* en principe, de la *décider* en fait, et qu'ils n'ont pas souffert que la France se donnât pour tout cela la moindre peine[1].

Ainsi, la nation, qui, au début de l'entreprise, devait seule *choisir* son gouvernement, réduite tout à coup à *ratifier* un gouvernement qu'elle n'avait pas choisi, a été bientôt dispensée de le *ratifier*, comme elle l'avait été de le *choisir*, et s'est vue réduite, en définitive, au simple droit de l'*organiser*.

Là ne se sont pas bornés les soins qu'on s'est donnés pour elle. Non content de *vouloir* la république à sa place, à sa place aussi on s'est chargé de *ne plus vouloir* ce qui avait précédé; et les casuistes de la révolution, comme si

[1] *Bulletin des lois de la République*, n° 13, page 123.

nous n'avions pas aussi bien qu'eux le droit d'être parjures, ou si nous n'étions pas capables de nous parjurer tout seuls, même après l'éclatant exemple qu'ils venaient de nous donner, craignant sans doute qu'on ne se tînt pas pour suffisamment autorisé par cet exemple et espérant mieux d'une décision *ad hoc*, après avoir, autant qu'il était en eux, brisé les liens matériels qui nous attachaient au précédent gouvernement, se sont mis en devoir de délier aussi nos consciences, et ont pris la peine de décider par décret que nous étions dégagés de tout serment envers les institutions qu'ils venaient de démolir[1].

Il semble que tant de précautions et de prévoyance auraient dû suffire pour rassurer les triomphateurs et leur inspirer quelque foi dans la durée de leur ouvrage. Loin d'être tranquilles, ils s'inquiétaient même de l'assentiment apparent du pays. Cet assentiment les étonnait, les irritait presque; ils ne le pouvaient croire sincère; ils n'admettaient pas que la république se pût établir sans un peu de terreur, et ils sentaient bien que celle qu'ils avaient si singulièrement improvisée devait nécessairement soulever des résistances. Ils furent au-devant de ces résistances, qu'ils prévoyaient; ils les provoquèrent, et

[1] *Bulletin des lois de la République*, n° 1, page 8. — Cette entreprise sur le for intérieur, cet acte par lequel la dictature de février avait prétendu dégager la conscience des hommes publics des liens où elle pouvait se croire retenue, est certainement un des traits par où s'est le plus trahie l'inexprimable impudence de l'esprit révolutionnaire de ce temps, esprit moins violent encore qu'il n'est cynique, et plus remarquable par l'immoralité que par la cruauté.

ils entreprirent de les vaincre avant même qu'elles se fussent manifestées.

Pour cela ils envoyèrent, dès les premiers moments, des commissaires politiques en grand nombre, avec la mission non dissimulée de forcer l'assentiment public, de le soumettre violemment à la république projetée, et de faire sortir des élections, par tous les moyens, une assemblée nationale qui l'appuyât, telle qu'ils le voulaient faire. Le choix des hommes fut merveilleusement approprié à la nature du mandat. Les instructions données ne le furent pas moins bien au choix des hommes. Vous avez, leur écrivait-on, des pouvoirs illimités. Agents d'une autorité révolutionnaire, vous pouvez agir révolutionnairement. Vous êtes autorisés à destituer tout le monde, préfets, sous-préfets, maires, conseils municipaux, juges de paix. Bien plus, il vous est permis de suspendre les magistrats inamovibles, depuis les juges du plus petit tribunal jusqu'aux premiers présidents des cours souveraines; votre devoir est de ne rien négliger de ce qui peut assurer le résultat des élections. Elles sont votre grande œuvre. Non seulement vous devez agir sur elles, mais vous devez agir résolument; vous le devez sous peine d'abdiquer et de trahir. Ne craignez donc pas de parler haut et ferme. Refusez votre appui à tout candidat douteux; n'admettez sur les listes que des candidats de l'opinion républicaine : ni complaisance, ni transaction : que le jour des élections soit pour la révolution un jour de triomphe! Si la vérité démocratique et socialiste ne sortait pas triomphante de cette opération, il ne resterait qu'une voie de salut au peuple qui a fait les barricades : manifester une seconde fois sa volonté, et ajourner les décisions d'une fausse représentation nationale. Sachez obtenir de la France qu'elle n'oblige pas Paris à recourir à une telle extrémité[1].

Tel était le langage que le gouvernement adressait à ses commissaires.

A côté de cette organisation officielle et ostensible d'un corps d'agents politiques envoyés dans les départements avec la mission spéciale et hardiment avouée de faire vouloir à la France l'espèce particulière de république qu'on se proposait d'établir, et de lui arracher des élections qui exprimassent clairement cette volonté, les auteurs de la révolution approuvèrent qu'il en fût formé une seconde d'émissaires moins officiels, qui fussent chargés d'aller partout coopérer énergiquement à cette difficile tâche. Cinq à six cents individus choisis parmi ce que renfermaient de plus audacieux les sociétés politiques de Paris, et notamment le *Club des Clubs* et celui des *Droits de l'Homme*, avec lesquels des membres du gouvernement se trouvaient journellement en relation, cinq à six cents hommes, dis-je, munis par leurs chefs de toutes les instructions et excitations nécessaires, furent lancés de Paris dans toute la France, pour aller endoctriner les électeurs et assurer, dans les opérations électorales, le triomphe des partis violents.

Sans être ostensiblement revêtue des mêmes pouvoirs que la première, cette seconde classe d'agents se sentait assez autorisée pour n'avoir point à s'inquiéter de l'irré-

[1] Voir les circulaires électorales du ministre de l'intérieur sous le gouvernement provisoire.

gularité de sa mission. Ses membres recevaient sur le trésor une solde journalière de dix francs. Les instructions et les journaux que leur adressait de Paris le *Club des Clubs* leur arrivaient en franchise par la poste, et ils ne pouvaient douter que le gouvernement ne les appuyât. Ils étaient d'ailleurs en communication permanente avec les commissaires et sous-commissaires des départements; et, loin que leur position équivoque les affaiblît, elle leur permettait d'agir avec un surcroît de liberté et d'audace. Tandis que l'action des commissaires officiels n'arrivait aux électeurs que par l'intermédiaire des agents de l'administration, ils se mettaient, eux, en contact direct avec la population, surtout avec la population ouvrière, que leur avait livrée d'avance la formation des ateliers nationaux, créés, ce semble, tout exprès pour leur procurer un auditoire, et un auditoire comme il le leur fallait, un auditoire d'hommes disposés à l'exaltation et à l'action, et il n'épargnaient rien pour les exalter et les faire agir dans un sens ultrà-révolutionnaire. *Officiels* et *non officiels*, au surplus, les deux ordres d'émissaires dépêchés par le gouvernement rivalisaient entre eux d'ardeur, et c'est sous leur influence combinée, c'est au milieu des excitations, des menaces, des fraudes, des séductions, des violences sans noms auxquelles ils se livraient, et que la publicité a fait assez connaître, que se préparaient les élections.

Cependant les chefs de la révolution, malgré ces efforts violents et concertés de tous leurs agents, ne paraissaient pas éprouver plus de confiance, et ils étaient encore, vers le milieu d'avril et à la veille des élections, si peu rassurés sur l'issue de cette opération décisive qu'une révolution nouvelle fut au moment de s'accomplir alors, qui avait pour objet d'imprimer au pouvoir révolutionnaire une impulsion plus énergique encore, de remplacer le gouvernement provisoire par un comité de salut public, de composer ce comité des notabilités de la révolution les plus significatives, des noms de Blanqui, Raspail, Cabet, Kersausie, Flocon, Ledru-Rollin, et que, pour faire avorter ce redoutable mouvement, il ne fallut pas moins que l'énergie, la spontanéité et l'universalité de la manifestation à laquelle se livra à Paris la garde nationale.

Si telle était l'inquiétude avant les élections et quand il était possible encore d'avoir des doutes sur le résultat, on sent ce qu'elle dut être après l'événement, et quand il parut évident que la nation refusait son appui aux partis exaltés, qu'elle repoussait leurs projets de révolution sociale. Une violente clameur s'éleva dans leurs journaux contre les résultats du suffrage universel. Il venait d'être institué, organisé, dirigé par eux-mêmes; ils ne s'étaient refusé aucun moyen, maîtres qu'ils étaient de toutes choses, de le faire parler à leur gré; et, maintenant qu'il venait de s'expliquer, ils contestaient la sincérité de son langage; M. Louis Blanc, dans les réunions du Luxembourg, niait énergiquement que, dans l'état présent des choses, il pût être l'expression du vœu public, et le gouvernement provisoire, dans sa défiance de l'assemblée qui venait d'en sortir, prenait des précautions pour qu'elle ne pût mettre en question la nature du gouvernement que s'était soi-disant donné la France, et que la mission de l'Assemblée nationale devait être seulement d'organiser.

Par une disposition astucieuse et hardie du décret qu'il s'était cru autorisé à formuler pour régler ses opérations préliminaires, ils voulurent que les premières paroles qu'il lui serait permis d'articuler l'enchaînassent d'avance, et de manière à rendre impossible à ce sujet toute délibération et tout vote, à la forme de gouvernement qu'il avait proclamée; et, au lieu de la laisser, comme le prescrivaient la logique et les bienséances, s'installer au nom de la nation, de qui seule elle relevait, il décréta qu'elle se déclarerait constituée *au nom* et *au cri* de *vive la République!* ce qui impliquait l'admission sans discussion du gouvernement républicain. Les signataires du décret ne voulurent pas, eux qui s'étaient si hautement récriés, le 24 février, contre une régence qui n'aurait que des acclamations pour elle, ils ne voulurent pas, dis-je, que la république pût être votée autrement que par acclamation. Bien plus, ils n'admettaient pas que les acclamations dussent rester libres et qu'elles pussent être refusées, puisque le décret les avait prévues, puisqu'ils avaient réglé qu'aussitôt qu'elles éclateraient, il y serait répondu par le canon des Invalides. C'était d'avance comme une chose arrangée; et, en effet, les *hommes d'État* qui avaient inauguré en février la politique des *tour de main* et exécuté alors de si merveilleux *escamotages*, avaient si bien su préparer tout pour la grande démonstration qu'il s'agissait d'effectuer à la séance du 4 mai; leurs nombreux amis de la Montagne, à l'apparition du gouvernement provisoire, se trouvèrent tellement prêts; ils partirent par une décharge si soudaine et si spontanée de cris de *vive la République!* qu'ils entraînèrent naturellement le reste de l'Assemblée, qui ne se gardait pas, qui sur ce point d'ailleurs était peu disposée à faire résistance, et que la république fût véritablement enlevée en un tour de main. La manœuvre avait si bien réussi, qu'elle fut renouvelée jusqu'à dix-sept fois, avec des succès divers, dans le cours de la même séance; et encore ne parlé-je pas de la variante remarquable que surent y joindre les inventeurs, en entraînant en masse l'Assemblée sur le péristyle de son palais, du côté du pont de la Concorde, et en la déterminant à mêler là ses acclamations en faveur de la république à celles de la foule qui l'attendait et au-devant de laquelle elle avait consenti à se rendre.

Il devait peu lui servir d'avoir ainsi montré, dès les premiers moments, dans l'exercice de sa souveraineté, des dispositions si conciliantes. Sa destruction était d'avance résolue. Elle venait d'adhérer à la révolution, peut-être avec moins de conviction que de débonnaireté, mais d'une manière non équivoque; elle avait consenti à déclarer, en termes généraux, que ses auteurs avaient bien mérité de la patrie; seulement, elle avait fait des réserves; elle n'avait approuvé qu'en gros, en retenant, pour l'appréciation spéciale des détails, l'intégrité de son libre arbitre; elle était véhémentement soupçonnée de modération; il était visible enfin que ses opinions n'étaient pas au niveau de l'espèce particulière de république que la révolution avait rêvée. Or, le cas était prévu, et les chefs adhérents de la république projetée l'avaient déclaré irrémissible. Il n'était pas de menaces que n'eussent reçues à ce sujet les électeurs. Il avait été dit publiquement, par des agents électoraux, officiels et non officiels, qu'on annulerait les élections réputées hostiles, qu'on ferait passer par les fenêtres de l'Assemblée, qu'on jetterait à la Seine (je me sers d'expressions adoucies) les députés suspects de ne pas être suffisamment épris de la république; et, pour assurer l'effet de ces menaces, il n'avait pas été élu un officier de la garde nationale de Paris à qui on n'eût voulu faire promettre de marcher sur l'Assemblée, si elle montrait la moindre tiédeur républicaine. Enfin, ces menaces ont été exécutées autant qu'elles ont pu l'être, et l'on sait à quoi il a tenu qu'elles n'aient pas été entièrement réalisées. L'Assemblée nationale avait beau être issue du suffrage universel, on s'est montré infiniment plus impatient de son autorité qu'on ne l'avait été de celle de l'ancienne Chambre; et, tandis que, de gré ou de force, on avait laissé vivre celle-ci dix-sept ans, on n'a pas su respecter celle-là dix-sept jours: installée le 4 mai, on entreprenait de la jeter bas dès le 15.

Enfin, vaincus dans cette entreprise contre l'Assemblée, comme ils l'avaient été dans celle du 16 avril contre le gouvernement provisoire, les chefs et adhérents de la république projetée ne se sont pas tenus pour battus. Ils ont poursuivi, à la fin de juin, par quatre jours de guerre sociale, ce qu'ils n'avaient pu accomplir le 15 mai par leur attentat contre l'Assemblée, le 16 avril par leur complot contre le gouvernement, le 17 mars par leur violente manifestation contre la bourgeoisie et la garde nationale, ce que la catastrophe de février n'avait fait que leur promettre, et ce qu'il s'agit toujours pour eux de réaliser...

Je ne pousse pas plus loin ces détails. Ils suffiront à peu près, je pense, pour remplir l'objet de ce quatrième livre, et bien faire comprendre comment une révolution, que rien évidemment n'avait rendu nécessaire, n'a pu cependant être évitée. Il ne faut pour cela que se rendre compte du bonheur des circonstances tout à fait nouvelles où se sont trouvé placés les partis anarchiques qui ont su l'accomplir à leur profit, et qui, après dix-sept années de crimes politiques infructueux, ont vu la longue suite de leurs tentatives d'assassinat, de leurs complots, de leurs séditions, de leurs innombrables émeutes, se dénouer enfin par le bouleversement que leur imagination avait tant rêvé, et qu'ils avaient poursuivi avec une ardeur si opiniâtre. Il faut considérer que ces partis, qui jusque-là avaient dû agir seuls, ou seulement avec l'assistance présumée d'un autre, ont eu cette fois la bonne fortune inespérée de se voir secondés par tous, et non seulement par le parti légitimiste, toujours fidèle à son ressentiment, toujours acharné à la poursuite de sa vengeance, mais encore, ô crime! ô pudeur! par toutes les oppositions dites modérées, qui n'ont su guère se montrer cette fois que plus emportées encore que de coutume, et dont la présence dans cette confusion de partis si odieusement amalgamés, bien qu'elle eût pu être déterminée, dans quelques esprits, par des intentions constitutionnelles et même morales, n'en a pas moins été la véritable cause de la révolution. Il faut considérer aussi avec quelle dextérité inattendue les partis anarchiques ont su profiter de cette circonstance, faire servir l'opposition constitutionnelle à ruiner tous les appuis de la constitution, renverser la dynastie avec le concours effectif de l'opposition dynastique, et ce qu'ils ont déployé, dans les derniers moments surtout, et quand ils ont cru à la possibilité d'un succès, de ruse, de hardiesse, d'activité, de perversité infernale. Il faut songer enfin que, pour combattre ces passions de l'enfer, assistées de toutes celles de la terre, le gouvernement n'a eu devant lui, après avoir commencé par se montrer faible, que le relâchement, la tiédeur, la désaffection, la démoralisation, qu'il avait semés, comme je l'ai dit ailleurs, en accordant trop aux passions cupides, en consentant à les satisfaire par des moyens qui n'étaient pas, il s'en faut, toujours dignes d'approbation, et qu'attaqué de tous les côtés avec une extrême violence, il ne s'est trouvé avoir dans les mains, au dernier moment, pour résister à toutes ces attaques, que des forces à moitié paralysées.

LIVRE CINQUIÈME.

Régime étrange que la révolution a tenté d'établir.

Nous venons de voir à la faveur de quelles circonstances les partis anarchiques avaient réussi à s'emparer du pouvoir, et par quelle série de ruses, de fourberies, de surprises et de procédés irréguliers de toute espèce, ils s'étaient efforcés tout à la fois de s'en assurer la jouissance et de le bien mettre à leur disposition.

Cependant que voulait au fond toute cette violence, et quel était le régime qu'elle prétendait substituer à celui que la révolution venait d'abolir?

S'il y avait eu l'ombre de sincérité dans les déclarations originaires des hommes par qui la révolution avait été faite, on aurait dû s'en tenir au moins aux usurpations, déjà bien assez hardies et assez nombreuses, que je viens de relater; et, après avoir, sans aucune participation régulière du pays, qui devait être appelé à décider de tout, décidé de la forme de son gouvernement et de celle des élections d'où devait sortir l'assemblée destinée à la constituer; après avoir tout combiné comme on l'avait voulu, tout arrangé, tout préparé sans le moindre scrupule pour avoir une assemblée précisément comme on la souhaitait, il semble qu'on aurait au moins dû réserver à cette assemblée le soin de remplir sa propre tâche et de faire elle-même ce qu'elle seule pouvait régulièrement accomplir. On n'a pas même eu la discrétion et la patience de l'attendre. Non seulement on s'est cru permis de toucher immédiatement à tout, non seulement on a pris l'initiative de réformes très graves qu'il n'appartenait qu'à elle seule d'opérer ; mais, sans savoir dans quelles limites sa sagesse lui prescrirait de renfermer le travail de rénovation qu'elle avait à faire, on a prétendu décider d'avance que ce travail ne serait pas politique seulement et qu'elle aurait à accomplir une révolution sociale ; que la situation des classes les moins avancées et les plus nombreuses serait radicalement changée, et qu'on aviserait aux moyens de les placer dans une situation qui, en leur demandant moins d'efforts, leur permît de faire plus rapidement, et en quelque sorte d'improviser, leur éducation et leur fortune.

Il faut comprendre comment on avait été amené à concevoir et à formuler de tels projets.

Le gouvernement qui venait d'être détruit avait vu, presqu'à sa naissance, se dresser contre lui deux redoutables classes de rivaux : celle des fonctionnaires de l'ancien régime, qu'il avait dépossédés pour ainsi dire collectivement et en masse, et celle des ambitieux de nouvelle origine dont il ne lui avait pas été possible de satisfaire les prétentions. Ces deux ordres d'adversaires, classés sous les noms de légitimistes et de républicains, et animés contre lui d'une haine à peu près égale, quoique inspirée par des sentiments très différents, étaient pour lui, sans aucun doute, des ennemis fort dangereux.

Cependant[1], réduits à leurs seules forces, ils n'auraient pas été assez puissants pour détruire un régime qui donnait aux grands intérêts de la société une satisfaction plus réelle que ne l'avait peut-être fait aucun des établissements politiques précédents, et qui trouvait un large et solide appui dans l'affection intéressée des classes moyennes. Il fallut donc lui chercher des adversaires dans les rangs inférieurs de la population ; et, de même qu'en 1789, les ennemis de l'ancien régime avaient pris contre les hautes classes leur point d'appui dans cet *ordre moyen* de la société qui était également désigné alors par les noms de *bourgeoisie* et de *tiers-état*, de même, après 1830, les adversaires du gouvernement que les classes moyennes venaient d'introniser imaginèrent, pour réussir à le renverser, de s'appuyer sur les masses populaires.

Le travail de dissolution à faire consistait donc essentiellement à soulever les rangs inférieurs de la société contre les classes intermédiaires et contre le gouvernement que ces classes avaient fondé, de tâcher d'exciter dans l'esprit des masses ouvrières quelque chose d'analogue aux sentiments de jalousie et d'animosité que le tiers-état, à une autre époque, avait éprouvé contre la noblesse et le clergé. L'entreprise, inspirée par un de ces conseils pervers que l'irritation et la haine ne cessent de souffler aux oreilles de l'esprit de parti, était, au fond, pleine de sottise et d'injustice, et il ne semblait pas qu'elle dût avoir le moindre succès. Rien, en effet, n'était, en général, moins motivé que l'aversion qu'il s'agissait d'inspirer aux rangs inférieurs de la société entre les classes moyennes. Ces classes n'avaient jamais séparé leur cause de celle du fond de la nation. Dans les courageux efforts qu'elles avaient faits en 1789 pour l'abolition des priviléges, il s'en fallait bien qu'elles eussent négligé l'intérêt des classes les plus nombreuses et les moins heureuses de la société. C'était dans l'intérêt de celles-ci qu'elles avaient fait effacer de notre législation les derniers vestiges de la servitude de la glèbe, prononcer l'abolition de la taille et des corvées, généraliser et égaliser les charges publiques, proportionner celles des citoyens pauvres à l'exiguité de leurs moyens ; c'était dans leur intérêt aussi qu'elles avaient fait abolir le régime des corporations et des jurandes, rendu accessible à tout le monde l'exercice des divers métiers, proclamé la liberté de l'industrie et du commerce, etc.

Il ne semblait donc pas qu'il pût être humainement possible aux ennemis du gouvernement d'opposer les classes inférieures de la société aux classes de l'ordre moyen, à des classes qui étaient issues d'elles, qui, en s'élevant, leur avaient sans cesse tendu la main, et qui, dans la grande révolution de 1789 notamment, leur avaient rendu les plus signalés services. De folles sectes d'utopistes, qui s'étaient formées dans les derniers temps de la Restauration, celles notamment des saint-simoniens et des fouriéristes, vinrent leur en offrir le moyen. Ces sectes avaient imaginé de mettre en doute la réalité du service que la révolution avait rendu aux classes laborieuses en proclamant la liberté du travail et en le livrant à la concurrence universelle ; et elles soutenaient, au contraire, que ces grandes réformes, qui n'ont jamais été que très imparfaitement accomplies, avaient eu pour résultat d'empirer de la manière la plus grave et la plus regrettable le sort de la grande masse des travailleurs.

Rien n'était, au fond, plus extravagant que ces remarques; mais on ne pourrait nier qu'elles ne parussent spécieuses par certains côtés, et les adversaires du gouvernement ne furent pas longtemps à comprendre le parti qu'on en pouvait tirer contre lui. Ils virent qu'elles leur offraient un énergique moyen de l'attaquer auprès des classes inférieures, et de ruiner, dans l'esprit de ces classes, celles sur lesquelles il paraissait plus particulièrement s'appuyer, à savoir les capitalistes, les financiers, les chefs d'entreprises industrielles, les hommes voués à l'exercice des professions libérales, et, en général, tout ce qui avait constitué autrefois la bourgeoisie. On entreprit de prouver que tout était arrangé dans la société pour le plus grand avantage de cette partie considérable de la nation, à qui, de fait, appartenait depuis longtemps le pouvoir; qu'à elle arrivait tout le profit du travail exécuté, sous sa direction et au moyen de ses capitaux, par les classes plus particulièrement appelées laborieuses; que la situation de celles-ci allait au contraire s'empirant toujours, et qu'on voyait baisser leurs salaires, à mesure précisément qu'augmentait la fortune publique et que s'accroissait notamment celle des capitalistes et des entrepreneurs d'industrie.

Or, on conçoit ce que ces idées, que les ennemis du gouvernement propageaient dans tous les grands foyers de population avec une ardeur pleine d'animosité, devaient exciter d'irritation et de jalousie dans l'esprit des classes ouvrières. Déjà, à Lyon, dès 1831, elles avaient assez profondément troublé l'intelligence de ces classes pour les pousser à une violente sédition. Induites par les prédications du saint-simonisme, à croire qu'elles étaient habituellement lésées dans leurs transactions avec les entrepreneurs d'industrie, elles avaient voulu forcer l'autorité administrative à approuver des tarifs qui fixaient d'une manière uniforme le prix de leur travail au taux qu'elles-mêmes avaient jugé convenable de régler, et n'ayant pu obtenir du gouvernement qu'il confirmât l'approbation que l'autorité locale avait eu la faiblesse d'accorder à un réglement si contraire à la liberté des transactions commerciales, elles s'étaient constituées en état d'insurrection à main armée, et s'étaient livrées, pendant plusieurs jours, aux plus déplorables désordres.

Depuis, et sous l'excitation permanente des fausses doctrines du socialisme, exposées tour à tour dans des livres, dans des journaux, au théâtre, dans des romans publiés en volumes ou en feuilletons, et exploitées souvent avec autant d'habileté que de perfidie par les hommes de désordre, les classes laborieuses n'avaient cessé de s'exalter. Cette exaltation était surtout entretenue dans les grandes villes du royaume, à Paris, à Lyon, à Lille, à Rouen, et dans tous les principaux foyers de production manufacturière. Il y avait comme un parti pris de se livrer, sur le sort de ces classes, à une sorte d'appitoiement théâtral, à des lamentations sans fin comme sans mesure, à des démonstrations de philanthropie aussi dépourvues d'intelligence que de vraie charité. On leur faisait de leurs maux des peintures hideuses; et, non content d'en outrer et d'en envenimer la description, on les rapportait, dans ce qu'ils avaient de vrai, à des causes qui n'étaient pas les véritables. On n'avait garde de leur dire à quel point elles seraient fondées à se les reprocher, et quelle part en pourrait être justement imputée à leur propre conduite. On prenait à tâche, loin de là, de les détourner de la considération de leurs torts personnels, de les rendre indulgentes pour elles-mêmes et pleines de complaisance pour leurs passions. On s'appliquait à leur inspirer des désirs immodérés et des besoins hors de proportion avec leurs ressources. On leur insinuait que si elles ne pouvaient satisfaire ces besoins, c'était, non pas leur faute, mais la faute des classes aisées, c'est-à-dire de celles-là même qui les faisaient vivre, et dont les entreprises intelligentes et fructueuses ouvraient sans cesse de nouveaux débouchés à leur activité. On les représentait comme foulées, comme spoliées par ces dernières classes, à qui souvent elles devaient tout; et, chose étrange! si celles-ci avaient le pouvoir de les opprimer ainsi, c'était à la faveur de la liberté même que chacun avait de disposer, comme il l'entendait, de ses facultés et de ses ressources. Tout le mal, suivant les utopistes, venait de la liberté du travail, de celles des transactions et des échanges, de l'accumulation des capitaux, de la sécurité trop grande de ceux qui les possédaient, de la trop grande extension donnée au droit de propriété et d'héritage, et enfin de l'organisation sociale qui couvrait tout cela de sa garantie. On demandait, à grands cris, le changement de cette organisation; on menaçait la société, si ce changement n'était concédé, de soulèvements plus dangereux et plus terribles que les anciennes guerres serviles, que les anciennes irruptions de barbares; et, rappelant des paroles célèbres adressées autrefois, dans les plus mauvais temps de la domination romaine, aux barbares des bords du Danube, on criait aux populations laborieuses : *Levez-vous, races opprimées !*

J'ajoute que, de leur aveu ou contre leur gré, les prédicateurs de ces doctrines étaient devenus, vers le milieu du règne du roi Louis-Philippe, les théoriciens de l'émeute et de l'insurrection. Les conspirateurs de profession avaient enrichi le répertoire de leurs déclamations habituelles des formules du socialisme les plus usuelles et les plus accréditées. C'était sur les principes socialistes que s'appuyaient les sociétés secrètes pour exalter le fanatisme et affermir le dévouement de leurs affiliés[1]. On enseignait dans ces associations ténébreuses que les ennemis du peuple aujourd'hui, c'était moins l'ancienne aristocratie, c'était moins le clergé, dont la première révolution, observait-on, avait plus ou moins ruiné le pouvoir, et avec qui d'ailleurs on faisait jusqu'à un certain point cause commune contre la royauté de Juillet, que ce n'étaient les adhérents de cette royauté, les hommes de la bourgeoisie, les gens à argent, les banquiers, fournisseurs, propriétaires, agioteurs, et, en général, les riches. On ajoutait que le peuple devait être riche, à son tour, et (comme si les riches étaient, en général, redevables de leur fortune, non à leur travail, mais à des artifices d'organisation sociale), qu'il était temps d'organiser la société de manière à assurer au peuple une plus large part dans les biens de ce monde, de l'intéresser directement à tous les travaux

[1] Voir les pièces à l'appui du rapport fait à la Chambre des pairs sur l'émeute du 12 mai 1839; affaire Barbès et consorts.

et de substituer l'association à la concurrence; qu'un bon arrangement de la société devait lui assurer à la fois le travail, les instruments de travail, une part dans le capital, une accession facile à la propriété, l'instruction professionnelle, l'éducation, les droits politiques, etc. On estimait enfin que la destruction de la monarchie et l'avénement de la république devaient lui procurer tous ces biens, et c'était avec la confiance de les voir se réaliser qu'on se lançait dans cette suite d'agressions et d'entreprises factieuses qui toutes avaient pour but la ruine de l'ordre politique établi.

Lors donc que la révolution, après dix-sept ans de luttes, est venue à bout de réaliser ses projets de subversion, il était à peu près inévitable, on le sent assez, que l'esprit socialiste et communiste, dont elle s'était fait depuis longtemps une arme contre la royauté, qui avait profondément pénétré dans les sociétés secrètes, qui avait inspiré la plupart des toasts portés dans les banquets politiques qui l'avaient immédiatement précédée et préparée, qui animait enfin une bonne partie des hommes qui venaient de la faire, entrât avec elle dans le gouvernement, pénétrât aussitôt dans ses actes, et essayât de réaliser les projets de rénovation sociale dont j'ai parlé.

Aussi, à peine était-elle accomplie qu'il fut pris sur-le-champ un petit nombre de mesures qui, à elles seules, auraient amplement suffi pour bouleverser de fond en comble l'ordre économique établi, et pour amener, si elle n'avait pas été naturellement impraticable, la rénovation sociale extravagante dont on avait l'audace de risquer l'essai.

La monarchie venait d'être renversée le 24 février. Le

lendemain 25, le gouvernement qui l'avait supplantée, s'adressant aux populations ouvrières, avait pris par écrit cet engagement : « J'assure du travail à tout le monde. Je garantis l'existence de tout homme travaillant. Je reconnais que les ouvriers, au lieu de se faire concurrence, doivent s'associer pour jouir du bénéfice de leur travail[1]. » Le lendemain 26, le gouvernement fit un second acte : il décréta, pour quiconque voudrait lui demander du travail, l'ouverture immédiate des ateliers nationaux[2]. Cet acte, quelque grave qu'il fût, n'était qu'une réponse bien misérable aux promesses du premier ; mais il en était la consécration et la conséquence. Enfin, quatre jours après, le 2 mars, le gouvernement prit une mesure destinée à compléter les premières, et qui était bien propre à faire déserter les ateliers particuliers et à achalander les ateliers publics : il décréta, d'autorité, et sans admettre une ré-

[1] *Bulletin des lois de la République*, n° 1, page 10. Voici les termes mêmes du décret :

« Le gouvernement provisoire de la république française s'en-
« gage à garantir l'existence de l'ouvrier par le travail ; il s'engage
« à garantir du travail à tous les citoyens ; il reconnaît que les
« ouvriers doivent s'associer entre eux pour jouir du bénéfice de
« leur travail.

« Paris, 25 février 1848.

« Les membres du gouvernement provisoire,

« DUPONT (de l'Eure), LAMARTINE, CRÉMIEUX, ARAGO, LEDRU-ROLLIN, GARNIER-PAGÈS, MARIE, MARRAST, LOUIS BLANC, FLOCON, ALBERT, ouvrier. »

[2] *Ibid.*, page 13.

duction proportionnelle dans le salaire, la réduction des heures de travail[1].

Il n'y avait pas à se tromper sur le sens de ces mesures. Elles disaient clairement aux ouvriers : « Ne vous gênez plus désormais avec vos maîtres. S'ils vous offrent un salaire qui vous paraisse insuffisant, quittez-les : le gouvernement vous donnera les moyens d'attendre ; il garantit du travail à tout le monde, et un salaire à tout homme travaillant ou ayant l'air de travailler. La vieille société a été pour vous jusqu'ici bien injuste. Le gouvernement, en vous ouvrant des ateliers où vous recevrez un salaire, pour ainsi dire sans travail, vous offre un moyen irrésistible de la faire venir à composition et de la rendre plus équitable : vous n'aurez qu'à vous croiser les bras et à vous abstenir de retourner dans vos ateliers. Ces ateliers, abandonnés et vides, perdront nécessairement une grande partie de leur valeur. Nous les exproprierons alors, sauf à indemniser, quand nous pourrons et comme nous pourrons, les propriétaires ; nous vous les abandonnerons ; et au lieu d'y rentrer comme salariés, vous y rentrerez comme associés, et vous vous partagerez entre vous les bénéfices de l'entreprise, sans autre charge que celle de l'intérêt au taux légal des capitaux que vous pourrez avoir à emprunter pour la faire marcher[2]. »

[1] *Bulletin des lois de la République*, n° 4, page 37.

[2] Cette traduction des actes capitaux relatés dans le précédent alinéa est, au surplus, et d'une manière à peu près littérale, celle qu'en a faite le premier ministre des finances de la révolution, M. Goudchaux. Voir au *Moniteur*, dans le compte rendu de la séance du 15 juin 1848, le discours de cet orateur.

Ajoutons que, pendant qu'on prenait ces mesures, et pour s'assurer qu'elles auraient toute l'énergie dissolvante qu'on avait eu l'intention de leur attribuer, une commission fut instituée, dite commission de gouvernement pour les travailleurs[1], dont la mission fut précisément d'amener, sous le nom d'*organisation du travail*, la dislocation de tout l'ordre économique de la société. L'institution fut fondée sur la supposition même que cet ordre était radicalement injuste, et qu'il ne permettait pas au peuple de recueillir le prix de ses pénibles labeurs de chaque jour. « Considérant, était-il dit dans le préambule, qu'*il est temps de mettre un terme aux longues et* INIQUES *souffrances des travailleurs;...* considérant qu'*il faut aviser sans le moindre retard à garantir au peuple les fruits de son travail;...* le gouvernement de la république arrête. » La commission eut pour président un membre du gouvernement, ardent socialiste, adversaire systématique, ennemi furieux de tout ordre social fondé sur la liberté du travail et la concurrence naturelle des travailleurs. Ce personnage, dont les proportions extérieures répondaient assez mal à l'immensité du rôle qu'il s'était attribué, solennellement installé dans le palais du Luxembourg, après s'être entouré d'adeptes de son choix, convoqua près de lui des délégués de toutes les professions industrielles, et, dans des conférences tenues dans l'enceinte même de l'ancienne Chambre des pairs, conférences où la contradiction n'était pas admise, il se mit à leur étaler, dans des discours insidieux et violents, les

[1] *Bulletin des lois de la République*, n° 3, page 22.

griefs qu'ils avaient contre cette société, qu'il qualifiait habituellement d'*inique*, quelquefois d'*infâme*, et contre laquelle, étant presque enfant, il avait, leur disait-il un jour, fait le serment d'Annibal. En même temps qu'il déblatérait ainsi contre la société existante, et qu'il accusait de tous leurs maux cette société, qui, à beaucoup d'égards, n'en pouvait mais, il exaltait devant eux, outre mesure, l'arrangement économique qu'il s'agissait d'y substituer, et leur en faisait espérer des biens immenses. « Sachez-le, disait-il, vous serez non seulement puissants, vous serez non seulement riches, vous serez rois, car tous les hommes sont égaux, tous les hommes sont rois. » Il ne mettait, pour ainsi dire, pas de borne à ses promesses, et un jour, escorté par ses auditeurs jusqu'à sa voiture : « Je veux, leur dit-il, faire que les choses s'arrangent de si bonne sorte que vous soyez tous un jour en mesure d'avoir un équipage comme moi. »

Tels furent les actes par lesquels s'annonça, dès les premiers moments, la république étrange qu'il s'agissait de fonder, et à laquelle on n'avait garde d'abord d'imposer ses noms véritables. Il se peut bien que, dans l'intérieur du gouvernement, ces actes n'eussent pas, au même degré, l'assentiment de tout le monde; mais les hommes qui le composaient avaient tous consenti à les revêtir de leur approbation ostensible, et la signature d'aucun d'eux ne manque malheureusement au *Moniteur*, ni au *Bulletin des Lois*. J'ai même le regret de remarquer que la fin déplorable où tendaient ces mesures insensées a été plus tard, de la part de l'un des membres les plus considérables du gouvernement, l'objet d'une sorte d'apologie publique, qui, bien qu'assez confuse et assez embarrassée dans ses formes, ne laissait pas d'être fort explicite au fond, et qu'à vrai dire il avait été d'abord très permis de craindre que les mesures en question ne fussent de la part du gouvernement tout entier l'objet d'une approbation sincère. Au moins était-il évident qu'il visait à s'en servir comme d'un épouvantail, comme d'un instrument de salut révolutionnaire, et qu'à la moindre crainte de contre-révolution, il était tout prêt à permettre, sinon à favoriser, les manifestations démagogico-socialistes les plus faites pour épouvanter l'esprit public.

D'abord le public, que rien n'avait préparé à ces audacieuses folies, et qui, bien que déjà fort abasourdi de la soudaine apparition d'un gouvernement républicain qu'on n'avait eu garde de lui annoncer, ne regardait pourtant pas comme impossible de s'accommoder de ce régime; qui voyait ailleurs, en Suisse par exemple, et surtout aux États-Unis, des exemples de républiques laborieuses, honnêtes, paisibles, prospères, heureuses, et qui ne regardait pas comme absolument impraticable l'implantation en France de quelque chose de pareil; d'abord, dis-je, le public s'était montré assez disposé à se rallier à l'établissement de la république; et si les auteurs les moins insensés de ce hardi changement n'avaient pas eu la conscience si troublée de ce qu'ils venaient de faire, s'ils n'avaient pas senti qu'ils n'étaient que les honteux artisans d'une conspiration inopinément réussie, et non les chefs d'une révolution honorable, préparée de longue main et arrivée à maturité; s'ils avaient cru à la république et s'ils l'avaient comprise, s'ils avaient compris qu'en transformant le pouvoir, en en élargissant la base et en en remplaçant le chef héréditaire par un chef électif, la république ne pouvait d'ailleurs avoir d'autre objet que celui qui est naturellement assigné à tout gouvernement raisonnable; que sa tâche essentielle était de procurer au pays, avec la plus grande somme de sécurité possible, la plus grande étendue possible de liberté; que son principal mérite, son véritable titre à l'adoption du pays devait être de lui procurer ces avantages plus complétement et à moins de frais que la monarchie n'avait réussi à le faire; s'ils avaient compris cela, dis-je, et s'ils s'étaient mis avec bonne foi, avec confiance, avec courage, en devoir d'ajuster le gouvernement de leur création à ces fins honorables et sensées, je ne doute pas que la population n'eût adhéré avec passion à leur entreprise, sans même avoir besoin d'y être aidée par la mobilité ordinaire de ses impressions et par le laisser-aller de ses affections un peu banales. On l'a pu voir, au surplus, par ses premières manifestations, par la libéralité de ses dons patriotiques, par l'empressement qu'elle a mis à solder d'avance ses contributions, et, en un mot, par tout ce qu'elle a montré d'abord de bon vouloir aux auteurs de la révolution, sur la simple espérance qu'ils allaient faire quelque chose de pareil, et donner au pays cette république intelligente, libérale, modérée, qu'on s'était mis tout à coup à croire possible. Jamais, il faut le dire, révolution moins désirée, moins prévue, moins nécessaire, moins légitime, n'avait été acceptée, au moins en apparence, avec une si singulière facilité.

Mais on sent combien ces dispositions, beaucoup trop

débonnaires, beaucoup plus débonnaires qu'elles n'étaient avisées, et au fond desquelles on aurait voulu sentir plus de noblesse, durent changer rapidement à l'annonce, peu comprise d'abord, des desseins subversifs du démagogisme socialiste, et, quand on commença à se rendre compte de la fin qu'il s'agissait d'assigner à la révolution; quand on vit qu'au lieu de songer à mettre une justice plus complétement exacte dans les rapports des diverses classes, et de leur procurer à toutes plus de sécurité et de liberté, il s'agissait tout uniment de rançonner du mieux qu'on pourrait, et par toute sorte de voies, celles qui possédaient quelque chose, dans l'intérêt de celles qui n'avaient pris encore la peine de rien acquérir, et de placer celles-ci, par la violence, dans une situation en réalité aussi préjudiciable pour elles qu'elle serait injuste et tyrannique pour les classes qu'il s'agissait d'écraser à leur profit.

Chaque jour on vit ces desseins se manifester avec moins de réserve, et les premières mesures qu'on avait prises conduire plus ouvertement aux effets qu'on en avait attendus. Il s'établit, comme on le voulait, parmi les travailleurs des divers métiers, des grèves systématiques. La désertion se mit rapidement dans les ateliers. Les ouvriers les plus habiles et les plus estimables recevaient de leurs camarades les moins laborieux l'injonction d'entrer en lutte avec les chefs d'entreprise, et de se placer à leur tête pour les conduire hors des établissements particuliers. En même temps qu'on désertait ces établissements, on se portait en foule dans les ateliers nationaux. Le nombre des ouvriers qui s'y était fait inscrire, et qui d'abord n'avait été que de quelques milliers, s'était élévé, en quelques mois, à plus de cent mille. La contagion avait gagné, et l'exemple des ouvriers de Paris avait été imité partout, à Rouen, à Lyon, à Marseille, à Lille, dans tous les grands foyers de fabrication. Et notez que, si l'on fuyait ainsi les ateliers particuliers, ce n'était pas toujours, il s'en fallait, par la difficulté d'y trouver du travail et d'y obtenir de bons salaires. Il a été parfaitement notoire à Paris, dès les premiers temps de la crise, qu'il y avait un bon nombre d'ateliers où le travail ne manquait pas, et qui n'en étaient pas moins déserts, dont les chefs avaient des commandes importantes, qu'ils auraient voulu pouvoir remplir, et qu'ils n'exécutaient pas faute d'ouvriers ; que beaucoup d'ouvriers avaient abandonné des ateliers où on leur offrait des salaires de 4, 5, 6 fr. par jour, et qu'ils les avaient quittés pour aller se faire inscrire dans les ateliers nationaux, où ils ne gagnaient que de 1 à 2 fr. Il est donc bien certain qu'ils étaient déterminés par d'autres motifs que la difficulté de trouver de l'ouvrage, ou d'obtenir une suffisante rémunération, et ces motifs, où pouvaient ils être, sinon dans les folles espérances dont on les avait bercés, et dans celle, entre autres, qu'on leur avait fait concevoir d'être bientôt mis en possession, comme propriétaires et comme associés, de ces établissements qu'ils avaient quittés avec tant de hâte comme ouvriers salariés et dépendants. Ces espérances déshonnêtes et irréalisables étaient chaque jour surexcitées par le socialisme officiellement enseigné au Luxembourg, devant les délégués des corps de métiers : enseignement artificieux et violent, que ces délégués allaient colporter ensuite dans les ateliers nationaux ; que propageaient, avec des additions et des variantes sans fin, les clubs et les journaux démocratiques et socialistes; qui étaient transmis aux populations ouvrières des départements par les courtiers électoraux et les nombreux émissaires politiques du ministère de l'intérieur; et que le ministre de l'instruction publique, à son tour, s'efforçait d'accréditer par des livres élémentaires et familiers qu'il faisait distribuer gratuitement et par milliers aux instituteurs des campagnes, et dans lesquels on enseignait que l'État pouvait *limiter comme il l'entendait l'usage du droit de propriété, — imposer toute sorte de conditions aux détenteurs de la terre, — les grever d'assez lourdes charges pour les contraindre à l'aliéner et lui permettre d'en disposer en faveur de plus dignes, — restreindre le droit d'héritage beaucoup plus qu'il ne l'a fait, — intervenir dans les conditions du travail et régler le taux des salaires, — borner la libre disposition des capitaux, en réduire l'intérêt au taux le plus bas, et faciliter ainsi aux pauvres gens le crédit dont ils avaient besoin pour s'enrichir*, etc [1].

Tandis qu'on parlait ainsi, on mettait, du mieux qu'on pouvait, les actes d'accord avec les paroles. C'était à qui imaginerait, et toujours, bien entendu, aux frais des contribuables, des travaux publics susceptibles de remplacer les entreprises particulières, et d'être livrés à des

[1] Je n'ai pas sous les yeux, au moment où j'écris, le petit livre officiel *publié sous les auspices du ministre de l'instruction publique* d'où sont extraites ces incroyables propositions; mais je les prends dans les longs extraits qui en ont été lus à la tribune de l'Assemblée nationale, le 5 juillet 1848. Voir le compte-rendu de la séance de ce jour.

agglomérations d'ouvriers, qui en recueilleraient le bénéfice comme associés. Il en était proposé de toutes les sortes : travaux d'irrigation, de desséchement, de reboisement; fabrications; créations d'ateliers; établissements de comptoirs; avances de capitaux à toute réunion d'ouvriers associés pour une entreprise, etc. Il était surtout convenable, pensait-on, de faire main basse sur les divers ordres de propriétés particulières qui paraissaient le plus susceptible d'être exploitées en commun et de se prêter à des combinaisons socialistes, — sur les *banques*, par exemple, — sur les *assurances*, — les *canaux*, — les *mines*, — les *chemins de fer;* et l'on avait commencé, sans la moindre vergogne, en s'attaquant d'abord aux *chemins de fer* et aux *banques*, à en opérer la dépossession forcée. En attendant qu'on eût fait la fortune des classes au profit de qui, soi-disant, ces spoliations étaient proposées et en partie entreprises, on déclarait l'État obligé de mettre, sous tous les rapports, leur éducation au niveau de celle des classes les plus élevées, et, seulement pour leur instruction primaire, il était immédiatement proposé d'inscrire au budget une somme de plus de 47 millions. En tout cas, et supposé que des misères pussent survivre encore à tant de libéralités, on annonçait qu'il serait fondé dans les départements un certain nombre d'hospices pour les invalides du travail, avec une dotation suffisante pour leur procurer une vie aisée. On parlait encore d'instituer un nouveau système de salles d'asile, où les enfants, qui jusqu'alors n'avaient été qu'instruits et gardés, recevraient le vêtement et la nourriture...

Et la population de Paris, à la vue de ce débordement de projets et de mesures, qui ne tendaient à soulager les classes pauvres que par la dépossession de celles qui avaient, se laissait-elle prendre de quelque effroi et manifestait-elle quelque velléité de résistance, aussitôt une contre-manifestation anarchique venait l'avertir de la témérité de telles démonstrations. En provoquant la dislocation des entreprises particulières et la désertion des ouvriers des établissements qui les occupaient, on ne s'était pas contenté de les faire sortir de ces établissements, on avait eu soin, avons-nous dit, de les réunir dans les ateliers nationaux; et la formation de ces ateliers avait eu pour objet, dès les premiers moments, la déclaration en a été faite par un ancien ministre du gouvernement provisoire dans les bureaux de l'Assemblée nationale, de créer une armée qu'on eût constamment sous la main [1], et dont on pût se servir à tout moment pour l'exécution même des projets du socialisme. Or cette armée s'était continuellement accrue. Non-seulement il y affluait sans cesse de nouveaux déserteurs du travail salarié, mais elle s'était recrutée, d'une manière presque ostensible, d'une multitude de malfaiteurs, de réclusionnaires, de forçats libérés, accourus, sinon officiellement appelés, des départements; et c'était par l'exhibition de cette force qu'on avait soin de réprimer les velléités de réaction que Paris laissait percer contre la rénovation

[1] Voir dans les *Débats* du 16 juin 1848 des réflexions de ce journal sur ce qui s'est passé dans les bureaux de l'Assemblée nationale, à l'occasion d'un projet de décret tendant à accorder au gouvernement 3 millions pour les ateliers nationaux.

sociale entreprise. Ce fut notamment par la convocation en masse de cette armée, où des éléments qui étaient destinés à la former bientôt, qu'il fut répondu le 17 mars à la démonstration que la garde nationale avait faite la veille; l'homme qui remplissait alors les fonctions de préfet de police a dû avouer depuis qu'il avait concouru à cette convocation, et les membres du gouvernement provisoire qui haranguèrent les ouvriers, sur la place de l'Hôtel de Ville, s'exprimèrent de façon à permettre de croire que, si le gouvernement n'avait pas ordonné la convocation, il ne la désapprouvait pas.

Cependant, malgré des marques si multipliées et si peu équivoques de l'adhésion du gouvernement à ces lugubres folies, de la molle condescendance de la majorité de ses membres et de la franche complicité de plusieurs d'entre eux, le gros du parti révolutionnaire ne trouvait pas qu'on fît, à beaucoup près, assez pour la révolution, et que ses chefs poussassent avec un degré suffisant d'activité les affaires de la république démocratico-socialiste. Aussi, à côté du travail ostensible et plus ou moins officiel qui s'opérait sans relâche au profit de cette république-là, y avait-il, pour la pousser au dénouement qu'elle cherchait, un travail souterrain permanent et infiniment plus redoutable encore; travail dont l'infernale activité s'est manifestée par les explosions successives du 17 mars, du 16 avril, du 15 mai, par les quatre sanglantes journées de juin, et dont l'objet, annoncé par d'audacieux placards, où la société était mise en demeure de s'exécuter spontanément, si elle ne voulait l'être de vive force, s'est révélé avec un sinistre éclat dans les pièces saisies chez Sobrier à la suite du 15 mai, comme dans la motion faite ce jour-là, par Barbès, au sein de l'Assemblée nationale.

C'est dans ces deux documents que s'est manifestée, sous sa forme la plus brutale et la plus claire, la pensée fondamentale de la révolution; pensée de déprédation et de violence, qui s'est annoncée, dès le premier jour, par la proclamation du droit au travail, et par le fol engagement d'assurer à la fois la vie de tout ce qui était né et de tout ce qui voudrait prendre la peine de naître; qui a été développée et confirmée par une série d'actes et de projets plus injustes et plus extravagants les uns que les autres; dont l'exécution a été poursuivie par une succession graduée d'intrigues, d'excitations, de manifestations désordonnées, d'entreprises sanglantes, et qui a fait craindre par moments à la société contemporaine quelque chose d'analogue aux irruptions et aux asservissements du moyen âge; qui lui a donné une réminiscence et comme un arrière goût de ces temps affreux, et qui a constitué la terreur de 1848, comme l'échafaud avait caractérisé celle de 1793.

Il reste à montrer les effets qu'a eue cette terreur nouvelle, à mesure qu'elle est entrée dans les esprits, ceux qu'elle a exercés notamment sur la fortune publique, et ceux en particulier qu'elle a produits sur le bien-être des classes dont il s'agissait surtout d'améliorer la condition.

LIVRE SIXIÈME.

Résultats de l'essai de république démagogico-socialiste qui a été tenté par la révolution.

L'effet le plus immédiat de cette tentative n'en a pas été, à beaucoup près, l'effet le plus grave.

Sans doute la désertion des ateliers particuliers, provoquée par l'ouverture des ateliers nationaux et par l'offre d'un salaire sans travail sérieux, a éte par elle-même un grand mal. Elle a, en effet, déterminé sur-le-champ la dislocation, au moins partielle, d'un assez grand nombre d'établissements, et commencé cette désorganisation générale du régime économique établi, que les novateurs regardaient comme un préliminaire indispensable de l'exécution de leurs projets.

Mais cet effet, quelque désastreux qu'il fût, ne saurait être comparé à celui qui s'est manifesté bientôt après, à mesure que la désertion s'est accrue dans les ateliers particuliers, que se sont peuplés les ateliers nationaux, et que s'est développée cette armée de politiques désœuvrés et violents, que sa position, sa nature, son organisation livraient tout entière à l'influence de la démagogie et du socialisme, et qui allait devenir dans leurs mains un instrument si dangereux.

A la vue de cette force redoutable et croissante, évidemment destinée à appuyer les desseins monstrueux qui s'annonçaient, et dont le gouvernement se montrait à moitié complice, l'alarme est entrée dans les esprits; on a cru à la possibilité d'immenses désordres, de sauvages tentatives de spoliation, de confusion, de guerre, de dissolution sociale; et ces craintes, chaque jour plus accréditées par les faits dont on était témoin, ont produit des effets chaque jour plus graves.

Quand les entrepreneurs d'industrie n'auraient pas été amenés à suspendre leurs travaux par la désertion des ouvriers, par la violence et l'exagération de leurs demandes, ils s'y seraient déterminés d'eux-mêmes et par la seule appréhension de ce qui semblait devoir arriver. Mais ils y ont été forcés bientôt par une cause plus impérieuse encore, par la nécessité, c'est-à-dire par la rapide cessation des demandes et par l'interruption presque soudaine du mouvement commercial.

Cette interruption a été la suite de la terreur que l'on venait de faire naître. Sitôt que cette terreur d'un nouveau caractère a commencé à se propager, les étrangers opulents établis dans le royaume, et ceux, en beaucoup plus grand nombre, qui le visitaient seulement en qualité de touristes, ont songé immédiatement à le quitter, et ont pris, de toutes parts, le chemin des frontières. En même temps, les familles riches ou aisées du pays se sont mises en devoir de réformer leur maison et de couper court immédiatement à la partie la moins nécessaire de leurs dépenses. Non seulement on a renoncé immédiatement aux dépenses de luxe, qui, dans l'état de trouble où venait de tomber la société, et au milieu de l'invasion barbare qu'elle était menacée de subir, ne pouvaient plus avoir le moindre attrait, mais on a songé même à se réduire sur les plus nécessaires. Chacun, par un sentiment de prudence peut-être exagéré, mais naturel, a voulu réserver ses ressources pour les cas extrêmes. Loin de céder au besoin d'acheter, on a réalisé ce qu'on a pu de sa fortune, et visé à faire argent de tout. Un bon nombre de maisons riches renvoyaient une partie de leurs gens et se défaisaient à vil prix de leurs chevaux et de leurs équipages. Une multitude d'autres portaient à la Monnaie leur argenterie et l'échangeaient au poids contre du numéraire. L'Hôtel des Monnaies, pour suffire aux demandes de cette nature, n'a pas eu à livrer, pendant quelque temps, moins de deux cent mille francs par jour. Au milieu de la stupeur qui régnait, on a vu, en quelques instants, la circulation s'arrêter et l'argent monnayé disparaître.

On sent quel a dû être l'effet de ce mouvement général et presque subit. La demande s'arrêtant, la vente a dû forcément cesser, et, avec la vente des produits créés, la création de produits nouveaux. Le marchand, gardant en magasin ses marchandises, n'a plus eu de commandes à faire au fabricant, le fabricant au producteur de matières premières ni à l'ouvrier qu'il chargeait de les façonner. Non seulement il a fallu renoncer à tenter des affaires nouvelles, mais on a commencé par ne pouvoir faire honneur aux affaires anciennes. La vente et le travail s'arrêtant, il est devenu presque impossible de réaliser les rentrées sur lesquelles on avait compté, et de faire honneur par suite aux engagements qu'on avait pris. Le marchand a manqué au fabricant, le fabricant au banquier, le banquier à ceux qui lui avaient confié leurs épargnes, et ainsi de suite, presque sans fin. Il n'y a pas eu, à vrai dire, un ordre de travailleurs, à commencer naturellement par ceux dont les services ou les produits étaient le moins indispensables, qui, de proche en proche, n'aient été atteints, et dont la souffrance n'ait immédiatement été ressentie par toutes les industries enchaînées à la sienne, surtout par les agents directs de son propre travail, et, en particulier par ceux dont les ressources étaient le plus limitées et le plus précaires, par les ouvriers. Les familles innombrables dont l'existence se liait à quelque branche du travail universel ont vu disparaître ainsi subitement les sources de leur bien-être. Le sort des capitalistes a suivi celui des travailleurs; la condition des propriétaires n'a pas été plus digne d'envie que celle des possesseurs de capitaux; il n'y a guère eu personne qui n'ait senti dans ses mains ses ressources se fondre, et la crise a été marquée surtout par une dépréciation immédiate de toutes les valeurs, des terres, des capitaux, des rentes, des offices publics, des professions, des talents, des facultés de toute espèce. L'État, à son tour, n'a pas tardé à ressentir le contre-coup de cet appauvrissement universel; et, tandis qu'il avait à pourvoir à des besoins nouveaux beaucoup plus étendus, aux exigences de nouvelles et innombrables ambitions, à l'alimentation de l'armée d'ouvriers que le socialisme et la démagogie recrutaient sous ses yeux pour procéder à une rénovation sociale, il a vu tarir rapidement ses sources de revenu les plus abondantes; il s'est laissé entraîner à manquer aux engagements les plus sérieux, et il a finalement recouru, pour remédier aux maux de la situation, à des expédients qui ont été une extrême aggravation du mal pour tout le monde.

Il n'est pas une de ces énonciations générales que ne justifient des masses de faits particuliers.

Veut-on, par exemple, se faire une idée des réductions qu'avait subies partout le travail? Il n'y a qu'à se rappeler les nouvelles que les journaux, au fort de la crise, donnaient de tous nos grands foyers d'industrie. Il n'en était pas un d'où l'on n'annonçât la fermeture complète ou partielle d'une multitude d'établissements. Une enquête industrielle faite dans les départements de l'est a appris qu'en Alsace il avait fallu renvoyer la moitié des ouvriers de presque toutes les fabriques, et, en ne gardant que la moitié de son monde, réduire de douze à neuf les heures de travail, dans un certain nombre d'établissements, et, dans d'autres, ne travailler que quatre jours par semaine. Il résulte des premières données fournies par une autre enquête industrielle, que la chambre de commerce de Paris exécute en ce moment avec les soins les plus minutieux, que, dans certains quartiers de la capitale, le nombre des ouvriers occupés avait baissé de moitié. D'autres supputations ont conduit à penser que la masse du travail parisien et des produits de ce travail avait subi dans le cours de l'année une réduction des sept onzièmes. A Lyon, l'interruption du travail a été telle que presque tout ce qu'il y avait en ville de soies teintes a été expédié à l'étranger, au lieu d'être employé sur place, et que, dans le cours de mai, par exemple, il en a été exporté autant qu'on en exportait, précédemment, dans le cours d'une année entière. Veut-on un autre indice des réductions que le travail avait subies? Tandis que Lyon a exporté ses matières premières au lieu de les travailler, d'autres matières importantes, employées par l'industrie du pays, ont été importées, en 1848, dans une quantité infiniment moindre que les années précédentes. Il résulte des relevés de la douane que, dans les six premiers mois de cette année 1848, il n'a été importé pour le travail intérieur que 5,221 quintaux métriques de bois d'acajou, tandis qu'on en avait importé 23,696 quintaux dans les six premiers mois de 1847, et 25,221 dans les six premiers mois de 1846; qu'il n'a été importé que 182,685 quintaux métriques de coton ou laine, tandis que, dans les six premiers mois de 1847, il en était entré 220,813, et, dans les six premiers mois de 1846, 326,139; qu'il n'a été demandé au dehors que 284,123 quintaux métriques de fonte, tandis que, dans le premier semestre de 1847, il en était entré 512,155 quintaux. D'autres documents officiels ont fait connaître depuis que, dans le cours entier de cette même année 1848, la masse de la houille importée pour les besoins de l'industrie nationale est tombée de 21 millions de quintaux métriques à 17 millions; la masse de la fonte de 959 mille quintaux à 456 mille; la masse de bois d'acajou de 46 mille à 8 mille; la masse de laine de 138 mille à 80 mille; celle du fil de chanvre et de lin de 19 mille à 4 mille; celle de la soie de 15 mille quintaux à 7 mille. Enfin un dernier témoignage plus éclatant encore de l'extrême proportion dans laquelle a été réduit le travail est dans la masse des ouvriers qui ont dû sortir des ateliers, et qui se sont trouvés sans ouvrage. La désertion, il est vrai, avait commencé par être calculée et volontaire; mais elle a bientôt fini par être forcée, et il résulterait de certaines observations qui ont été faites à la tribune par un ancien ministre des finances du gouvernement provisoire qu'il n'y avait pas hors des ateliers, au plus fort de la crise, moins de cinq cent mille ouvriers désoccupés. Les ateliers nationaux de Paris n'en comptaient pas à eux seuls, un moment a été, moins de cent vingt-cinq mille.

Les suspensions de payement et les banqueroutes indéfiniment multipliées qui ont suivi cette interruption du travail et de la vente n'ont pas été un fait général moins notoire et qu'aient justifié des faits particuliers moins nombreux. Si l'impression de ces faits a pu s'affaiblir dans quelques esprits; si elle n'y est pas suffisamment entretenue par le discrédit qui règne encore et par la difficulté qu'il y a toujours d'être payé, il ne faut, pour l'y ranimer, que rappeler ces terribles bulletins de la Bourse de Paris, qui, du commencement de mars à la fin d'avril 1848, n'avaient cessé d'annoncer des catastrophes commerciales. Dès le 10 mars, les caisses Gouin, Baudon, Ganneron avaient succombé. La chute de ces comptoirs avait été précédée de celle des maisons de banque les plus importantes, et, chaque jour, cet ordre capital d'établissements avait eu à enregistrer quelque désastre nouveau. Après les faillites des banquiers, étaient venues celles des négociants et des chefs de fabrique. On avait vu, à Paris, les maisons livrées à certaines branches de commerce, jusqu'alors des plus fructueuses et des mieux établies, donner l'exemple d'une liquidation presque générale; et, dans beaucoup d'autres genres de négoce, les maisons les mieux famées, obligées de s'arrêter dans la voie de sacrifices auxquels elles ne voyaient pas de terme, entrer également en liquidation. La débâcle était devenue à peu près universelle; et, quoique le marché de Paris fût de tous le plus bouleversé, les nouvelles qu'on y recevait des autres grands centres manufacturiers et commerciaux n'étaient guère plus satisfaisantes. Pour se faire une idée de l'étendue de cette subversion et de cette généralité de l'état de faillite où était tombé le commerce, il suffit de remarquer qu'il commençait à peine, au bout de douze mois, à se relever du discrédit qui l'avait frappé alors; que, très récemment encore, il ne se faisait, pour ainsi dire, d'affaires qu'au comptant; qu'il n'y avait pas de maisons assez sûres pour voir accepter au loin leur papier, et que, pour faire toucher une somme à l'étranger ou sur quelque point éloigné du territoire, il fallait l'y envoyer en argent, comme aux époques les plus barbares et les plus reculées.

La profonde dépréciation des valeurs n'a pas été un résultat général, moins frappant, ni moins bien établi que les précédents, du discrédit soudain qui a suivi l'essai de république démagogico-socialiste. Cette dépréciation était inévitable, et il serait permis de croire que les auteurs et fauteurs de l'essai l'avaient fait entrer dans leurs calculs: puisqu'ils s'étaient réservé d'exproprier pour cause d'utilité publique, et au profit des classes ouvrières, les ateliers dont la désertion des ouvriers aurait fait tomber la valeur. Mais elle devait s'étendre à tout. Elle était la conséquence nécessaire de l'état d'inaction où l'on était tombé et qui venait de frapper, jusqu'à un certain point, de stérilité les fonds productifs de quelque espèce qu'ils fussent. Elle est également résultée des projets subversifs qui sont venus menacer plus ou moins toutes les propriétés. Elle est venue enfin de la nécessité où tant de gens se sont trouvés de vendre et de réaliser le plus qu'ils pouvaient de leurs ressources. Les besoins pressants des uns ; l'inquiétude, la peur, le désespoir des autres, leur faisant successivement lâcher pied, ont amené l'avilissement des prix de toutes choses, des meilleures valeurs, comme des plus mauvaises, et les ont fait descendre à des taux où elles n'avaient pas été depuis la chute de l'Empire et le temps de nos plus grands revers. On n'avait peut-être jamais vu les effets publics subir des oscillations si brusques et si violentes. En moins de sept semaines, les rentes 5 p. cent avaient subi une dépréciation de 67 francs, et étaient tombées de 117 francs à 50 fr. Les actions de la Banque, une des valeurs du pays les plus accréditées et les plus fermes étaient tombées de 3,200 francs à 990 fr. Les propriétés foncières de toute nature perdaient la moitié de leur prix ; elles n'avaient, pour ainsi dire, plus de cours et avaient absolument cessé de se vendre. On a calculé, à la date du 12 avril, quarante-sept jours après la révolution, que la perte éprouvée à la Bourse sur les rentes, les actions de la Banque et les chemins de fer s'élevait à peu près à 4 milliards, à 3 milliards 749 millions. Il a été fait, vers le même temps, sur la dépréciation des valeurs immobilières, des supputations qui, tout exactes qu'il y avait lieu de les croire, semblaient fabuleuses, tant elles étaient élevées. On peut affirmer hardiment que la double invasion que la France eut à subir, en 1814 et 1815, de la part de toutes les armées de la coalition, que les innombrables déprédations qui purent être commises alors sur son territoire, que la rançon énorme qu'elle eut à payer pour son affranchissement n'avaient pas attaqué sa fortune, n'avaient pas altéré ses ressources au point où l'a fait, en quelques semaines, après février, la prise de possession du pays par la république démocratico-socialiste. Mieux eût valu pour elle, sans contredit, l'irruption de nouvelles hordes de cosaques. Ces populations à demi-sauvages n'auraient pas été poussées sur son sol par des instincts aussi anti-sociaux, par des passions aussi destructives; elles n'y auraient pas à ce point ruiné toutes choses; elles ne s'y seraient pas attaquées avec cette fureur stupide à tous les principes vitaux de la société.

Ce que l'appauvrissement général, résultat presque immédiat de l'invasion du démagogisme socialiste, a produit pour tout le monde d'embarras, de gêne, de souffrance, est un autre fait, hélas! qui, pendant longtemps, n'a été que trop justifié pour chacun de nous par l'expérience de chaque jour. Tandis que l'ouvrier, même en se contentant d'un salaire réduit, ne trouvait plus d'ouvrage, et se voyait obligé, s'il ne voulait périr, d'opter entre l'humiliation de l'aumône et les douleurs cruelles de l'expatriation, le marchand ne vendait pas pour se nourrir et payer le loyer de sa boutique; le fabricant travaillait à peine le nombre d'heures nécessaires pour conserver ses meilleurs ouvriers; le capitaliste se voyait remboursé en monnaie de faillite des fonds qu'il avait confiés à l'industrie, et laissait chômer ceux qu'il s'était abstenu de placer pour échapper au danger de les perdre. On a vu les banquiers tomber, les mains pleines de valeurs qui étaient de l'or la veille, et qui n'ont plus été le lendemain que du papier. Il a fallu que l'État subventionnât extraordinairement les théâtres et distribuât à une multitude de gens de lettres et d'artistes des secours en argent, qu'en des temps moins déplorables la dignité de leur profession ne leur eût pas permis de recevoir, et surtout de solliciter. Les propriétaires enfin ne pouvaient ni toucher leurs loyers ou fermages, ni vendre leurs propriétés, ni emprunter sur première hypothèque à un intérêt de 9 ou 10 p. 100. Souffrir était devenu l'occupation universelle. C'était là, surtout, le travail forcé, la dure tâche de la portion de la classe ouvrière dont l'égarement et les prétentions violentes avaient amené cette situation, qui n'avait gâté celle de ses chefs qu'en aggravant surtout la sienne, et qui était réduite à expier plus cruellement que personne, comme une inexorable justice le voulait, des maux qui étaient surtout son ouvrage, et dont elle ne pouvait accuser, après elle-même, que les fous dangereux et les pervers dont elle avait consenti à accepter les directions.

Complice de ces directions fatales, au moins tant que le gouvernement provisoire a duré, l'État ne pouvait manquer de ressentir, comme les particuliers, l'effet de la détresse qui a suivi l'essai de république démocratique et sociale, et si, faute de lumières ou de courage, il a pu souffrir que des insensés troublassent l'action naturelle du travail et des transactions, le châtiment ne s'est pas fait attendre. Les preuves de ce châtiment sont venues se dérouler, en chiffres éloquents et sévères, dans les livres de perception du fisc. Le travail et les transactions s'arrêtant, les perceptions indirectes auxquelles donne lieu leur activité ont dû immédiatement se ralentir. Dès le premier mois qui a suivi l'essai d'organisation socialiste, dès le mois de mars, les perceptions du timbre, de l'enregistrement, des droits réunis et de la douane, ont baissé de plus de quatorze millions. Le mois suivant, elles ont baissé de plus de 17. En mai, la baisse a été plus forte encore, et telle a été, dans les neuf premiers mois de l'année, l'inactivité du travail, des transactions et des relations commerciales, que le *Moniteur*, rendant compte, à la date du 11 octobre, de l'état des revenus indirects, pendant les trois premiers trimestres et les comparant aux perceptions de 1847, durant la période correspondante, a dû avouer une perte de plus de 102 millions. La réduction sur le seul produit des droits d'enregistrement a été de près de 38 millions. Elle a été de près de 8 sur le timbre, de très près de 20 sur les douanes. Le surplus de la perte est venu de réductions dans le produit des impôts de consommation, du sel, du sucre, des tabacs, des boissons. Obligé de prévoir que cette décroissance des revenus indirects continuerait encore, on a estimé que le déficit, à la fin de l'année, ne serait pas de moins de 140 à 145 millions, et, comme il y avait tous les ans une augmentation régulière de 25 à 30 millions, qui ferait également défaut, il a fallu porter la perte entière à environ 175 millions, et elle n'a guère, en effet, été inférieure que de bien peu à cette forte somme [1]. D'un autre

[1] Le rapport du comité des finances de l'Assemblée constituante

côté, on a dû prévoir qu'il y aurait dans le produit des contributions directes, des patentes surtout, des surcroîts de non-valeurs, que le comité des finances de l'Assemblée nationale n'estimait pas à moins de 20 millions; plus, dans le produit des forêts, une réduction supérieure à 12 millions [1]. De sorte que le résultat pour l'État de l'essai de république démocratique et sociale allait se trouver, à la fin de l'année, et au milieu de l'accroissement de toutes les dépenses, une réduction totale, dans les recettes ordinaires, de plus de 208 millions. C'était là la part de l'État dans les effets ressentis par tous de la morne inaction qu'il avait eu l'habileté de produire, et de la détresse universelle qui avait immédiatement suivi cette inaction.

Ajoutez que ces maux, déjà si grands, ont été fort aggravés par la nature des expédients dont on a usé pour y porter remède.

En présence des pertes énormes qu'éprouvait le Trésor et de la rapide décroissance de ses perceptions indirectes, ce qu'il y avait, financièrement, de mieux à faire, c'était, sans contredit, d'agir sur les causes qui tarissaient ainsi les sources jusqu'alors si abondantes de ces perceptions, de renoncer au système qui venait d'arrêter si brusquement et avec un si déplorable succès la marche des affaires, et, en s'appliquant de toutes ses forces à restituer aux personnes, à la propriété, aux transactions, aux entreprises industrielles, la sécurité et la liberté qu'elles

sur le projet du budget rectifié de 1848, fixe cette perte à 173 millions 540 mille francs. Voir la page 74.

[1] Voir le rapport précité, pages 70 et 75.

avaient perdues, de rendre au travail son activité et aux perceptions du fisc leur ancienne abondance. Mais qu'a-t-on fait, au lieu de suivre une marche si clairement indiquée? On n'a pas pris une mesure qui n'abondât plus ou moins dans le sens des inventions socialistes qui étaient en train de tout perdre. On a demandé à l'impôt direct ce que ne donnaient plus les contributions indirectes, et on a empiré par de nouvelles charges l'état d'une population dont, en arrêtant le travail, on venait de réduire tous les revenus. En haine de la propriété, on s'est attaqué surtout à la propriété foncière, la moins féconde et la plus maltraitée de toutes, et on a accru de 45 p. 100 les charges dont elle était déjà grevée. On a décrété d'aliéner des biens domaniaux qui, dans l'état de dépréciation où l'on avait fait tomber toutes choses, ne pouvaient être vendus qu'à vil prix. On a imaginé, contre tout droit, de faire payer à qui la demanderait la permission de défricher des bois, et l'on s'est attribué 25 et 50 p. 100 de la plus value qu'un homme donnerait à son bien en en transformant ainsi la culture. On a conçu l'idée de mettre la main, sous prétexte d'utilité publique, et, en réalité, dans un but de fiscalité et de pure spéculation financière, sur de certaines classes de propriétés, telles que mines, canaux, chemins de fer, entreprises d'assurances, dont on se réserverait d'indemniser comme on pourrait les possesseurs, et, en menaçant ainsi ces propriétés, déjà fort amoindries par la dépréciation qu'avaient subie toutes choses, on a contribué d'une manière toute spéciale à en faire baisser encore la valeur. On a, le plus qu'on a pu, grevé les capitaux, comme les propriétés, de nouvelles charges, et, par exemple, on a imaginé de frapper d'une taxe de 1 p. 100 les placements d'argent sur hypothèque, ceux qui, d'ordinaire, donnent l'intérêt le plus bas et le plus mal servi. Au crédit naturel, qu'on avait détruit, on a entrepris de suppléer par un crédit factice, dont les contribuables devaient faire les frais ; et, aux banques particulières, qu'on avait réduites à la douloureuse nécessité de faillir, on a substitué des comptoirs d'escompte, dont la dépense a été mise, pour les deux tiers, à la charge des villes et du Trésor, c'est-à-dire des contribuables, et l'État, pour sa part, et tout obéré qu'il était, n'a pas affecté à cette dépense moins de 60 millions, qu'il a dû prendre sur le surcroît de 45 p. 100 qu'il venait d'ajouter aux quatre contributions directes. Au lieu de ranimer le travail réel, qui ne demandait, pour reprendre son activité, que d'être rendu à ses conditions naturelles, on a multiplié, à grands frais, le travail apparent, et un ministre des travaux publics a avoué naïvement qu'il avait accru le plus qu'il avait pu, ne croyant sans doute pouvoir mieux faire, le nombre de ces ateliers nationaux, dont le nom rappelle tant de souvenirs sinistres. Plutôt que de ne pas pourvoir à la dépense de ces ateliers de trouble et de sédition, on a failli à des engagements sacrés, on a fait une banqueroute partielle aux porteurs de bons du Trésor, on a manqué aux dépositaires si intéressants des caisses d'épargne, et, en compromettant ces établissements aux yeux des classes ouvrières, on a couru le risque de ruiner dans leur esprit un des moyens les plus féconds de moralisation et de bien-être qui leur eût jamais été offert. Par une infidélité d'un autre genre, on a mis la main sur les fonds versés dans les établissements tontiniers, et, quand les statuts de ces établissements leur prescrivaient, de la manière la plus impérieuse, de convertir immédiatement en rentes les dépôts qu'ils recevaient, on a prétendu se faire de ces dépôts une ressource, et on a contraint les établissements dépositaires à en verser le montant dans les caisses de l'État. Pour soulager le commerce de la détresse où on l'avait fait tomber, et qui le mettait dans l'impuissance de faire honneur à ses engagements, on n'a vu rien de plus simple que de le dispenser, par des ajournements successifs, de remplir ses obligations; on a multiplié les décrets de surséance, on les a généralisés, et on n'a pas paru comprendre qu'en soulageant ainsi les débiteurs, on ne faisait que transporter à leurs créanciers les embarras cruels dont on voulait les affranchir, on mettait ceux-ci dans la dure nécessité de faillir à leur tour à leurs promesses, et l'on autorisait tout le monde à demander d'être dispensé de tenir ses engagements. Il y a eu, pour venir au secours des gens en souffrance, un feu croisé de propositions, qui n'avaient toutes pour résultat que de déplacer le mal, de l'aggraver en le déplaçant, de le faire tomber surtout sur la masse des contribuables, et de rendre, en définitive, tout le monde plus malheureux. Loin de réussir par ces artifices violents à remplacer les ressources détruites, celles qui résultaient auparavant de l'activité naturelle de la société, on les a diminuées encore; on a accru l'appauvrissement universel, et les perceptions du Trésor s'en sont tellement ressenties, qu'à une certaine époque, un des ministres des finances de la révolution, M. Goudchaux, a dû convenir que les recettes journalières étaient inférieures d'un million aux dépenses à effectuer. Voilà ce qu'on a obtenu des expédients employés pour corriger l'effet des premières entreprises socialistes. Loin de remédier aux désastreux résultats de ces entreprises, on n'a fait, on le voit assez, que les aggraver et accroître notablement les pertes et les souffrances de tout le monde.

Enfin, pour qu'il ne manquât rien à ces maux, pour en perpétuer la durée et les rendre, s'il se pouvait, irremédiables, ceux qui les avaient provoqués, les promoteurs de la démagogie et du socialisme, se sont efforcés d'en fausser l'explication, d'en détourner la responsabilité de leurs doctrines et de les rapporter à des causes qui n'étaient pas les vraies.

C'est ainsi, par exemple, qu'ils se sont appliqués à les représenter comme un des effets qui accompagnent nécessairement tout changement violent de régime, et comme n'offrant rien qui les distinguât de ceux qui s'étaient manifestés à la suite de la révolution de Juillet; — qu'au lieu de les attribuer, comme le bon sens prescrivait de le faire, à la subversion du régime économique établi, on a voulu les faire considérer comme un effet naturel de ce régime, et on a soutenu effrontément qu'il n'y avait dans la crise dont nous étions les témoins et les victimes rien qui ne fût le résultat lamentable et forcé de la constitution actuelle du travail; — qu'enfin on a prétendu prouver, d'un autre côté, que cette crise déplorable avait été léguée par la monarchie à la république et qu'elle était le résultat du mal qu'avaient fait à la France dix-sept années de dilapidations.

Heureusement il n'y avait là rien sur quoi le public le plus inattentif et le moins avisé pût consentir à prendre le change, et l'on a facilement saisi le côté faux et insidieux de ces misérables explications.

Comment, en effet, et en premier lieu, aurait-on pu admettre que les désastres éprouvés étaient la suite de l'inquiétude et du trouble que traîne à sa suite toute révolution, si personne, en effet, ne faisait rien qui pût troubler la révolution nouvelle, et d'où eût-on pu dire que le trouble lui venait? Était-ce de dehors? Les puissances étrangères avaient manifesté dès les premiers moments la ferme intention où elles étaient de ne la point inquiéter, et d'ailleurs elles étaient entourées chez elles d'assez graves difficultés pour qu'elles ne pussent pas songer à lui susciter des obstacles. Était-ce de dedans? Elle avait été faite, sinon avec le concours ostensible, au moins à la très grande satisfaction du parti légitimiste. Elle obtenait les bénédictions du clergé. Le parti conservateur et en général les amis de la dernière dynastie, loin de la combattre, se résignaient, si elle voulait être libérale et modérée, à accepter le régime qu'elle fonderait, et lui donnaient les signes les moins équivoques de tolérance et de bonne volonté. Les seuls troubles qui l'ont suivie sont donc ceux qui lui ont été suscités par elle-même, par ses entreprises anarchiques et anti-sociales, par sa subversion et les ruines qu'elle a causées; et, loin de pouvoir attribuer ces désastres aux résistances qu'elle a rencontrées, il est de notoriété universelle qu'elle n'a commencé à rencontrer de résistance que lorsqu'il a été visible qu'elle tendait à tout bouleverser.

Il n'est pas plus aisé d'attribuer les maux qui nous ont assaillis depuis qu'elle est faite au travail individuel, à l'émulation des travailleurs, à la concurrence, et en général à la constitution naturelle de la société. Ce n'est pas d'hier, en effet, que cette constitution existe ; elle s'est développée avec notre état social ; elle en a suivi les phases ; elle en a fomenté les progrès, et c'est à mesure qu'elle s'est perfectionnée que la société est devenue puissante et prospère, et que s'est accru le nombre des familles heureuses et aisées. En Angleterre, aux États-Unis, où elle est beaucoup plus parfaite qu'en France, où le travail et les transactions jouissent d'infiniment plus de liberté, la prospérité commune est infiniment plus grande. Il a suffi chez nous que son existence fût menacée pour que la richesse et le bien-être de tous subissent une altération immédiate et profonde ; et ç'a été seulement à la suite de la révolution et depuis les essais de république démagogico-socialiste qu'on a vu notre prospérité, jusque-là croissante, arrêtée tout à coup et remplacée par l'appauvrissement universel. Comment, en présence de ces faits, avoir la hardiesse d'attribuer, avec l'espoir de tromper quelqu'un, la misère qui, après février, est venue nous assaillir à la liberté économique et de fonder sur le socialisme de légitimes espérances de prospérité ?

Enfin, bien que l'extension, déjà exorbitante, qu'avaient prise sous la monarchie les dépenses publiques pût être l'objet d'un blâme sérieux et fondé, il n'est pas plus possible de trouver dans ce fait que dans les précédents une explication tant soit peu raisonnable de la crise que nous subissons. Si la monarchie avait mis infiniment trop de choses à sa charge et donné à ses dépenses beaucoup trop d'extension, il est juste de reconnaître que la paix solide, que la sécurité profonde, que la liberté relativement étendue dont elle nous faisait jouir avaient imprimé à tous les travaux une activité et fait prendre à la richesse publique un développement qui avaient fort élevé le chiffre de ses perceptions ordinaires, et qui lui avaient permis par cela même d'accroître beaucoup celui de ses dépenses sans excès de témérité. Je sais bien qu'elle aurait pu laisser le pays dans une situation plus simple, et le Trésor public grevé de services moins déplorablement multipliés et infiniment moins dispendieux. Il eût été sans contredit fort à souhaiter, pour sa sûreté, comme pour la nôtre, qu'elle n'assumât pas sur elle la responsabilité de tant de choses, et qu'au lieu de prendre à son compte et de constituer en régies publiques, pour se procurer des moyens d'influence proportionnés à l'étendue des agressions et des sollicitations dont elle était assaillie, tant de travaux et de services qu'elle aurait dû laisser dans le domaine de l'activité universelle et privée, elle tendît sagement à se décharger sur cette activité de ces services exorbitants qu'elle s'était attribués contre toute raison et toute prudence, qu'elle avait usurpés contre toute honnêteté et toute justice. Mais enfin, quelles que fussent les attributions qu'elle s'était données, et les dépenses qui s'en étaient suivies, elle était, par les raisons que j'ai dites, à peu près en mesure de pourvoir à ces dépenses. C'est un fait que les hommes les plus compétents en matière de finances ont établi de manière à fermer la bouche à ses détracteurs les moins scrupuleux; et si le pouvoir qui lui a succédé avait su maintenir, comme elle, les conditions d'activité et de prospérité sociales à qui elle était redevable de l'étendue de ses ressources; s'il n'avait pas, par une lâche adhésion aux entreprises de la démagogie et du socialisme, commis la double extravagance de tarir la source des revenus du trésor et tout à la fois d'augmenter beaucoup les dépenses publiques, il ne se serait pas mis aux expédients, ainsi qu'il l'a fait, et il ne se serait pas vu réduit, au milieu de la profonde stagnation où il venait de plonger les affaires et de l'énorme décroissement qu'il avait fait subir à ses revenus indirects, à la nécessité de faire ce que n'avaient fait, depuis plus de quarante ans, aucune des monarchies qui l'avaient précédé, c'est-à-dire à essayer de grever le pays d'une série de taxes nouvelles, et à le charger, en effet, de nouveaux impôts très durs.

Encore un coup, ce n'est donc pas aux dépenses de la monarchie, quelque abusivement exagérées qu'elles pussent être, qu'il faut attribuer les maux de toute espèce que nous avons soufferts depuis seize mois, et l'interminable crise financière et commerciale que nous traversons : c'est au régime que nous avons subi d'abord, qui s'est efforcé de se maintenir ou de se relever ensuite, et qui, en exagérant encore ces dépenses, déjà outrées, en s'évertuant à pousser plus loin le système d'accaparement et de concentration qui les rendait inévitables, n'a su déployer d'habileté que pour détruire les moyens naturels que la monarchie avait d'y pourvoir, et pour ruiner le peu de principes libéraux qu'elle avait le bon sens de maintenir et auxquels elle était redevable de ses immenses ressources. Tous les résultats désastreux qui viennent d'être signalés n'ont eu pour cause, en réalité, que l'essai de république socialiste qui est venu, systématiquement et de propos délibéré, s'attaquer à ces principes et battre en brèche toutes les défenses naturelles de la société, tous ses moyens de conservation, de prospérité et de puissance.

Ce que cet essai a causé de mal à tous, et non seulement aux classes contre lesquelles il était dirigé, mais à celles particulièrement en faveur desquelles on le prétendait fait, et même aux auteurs et complices de l'entreprise, est évident à tous les regards et de notoriété profondément sentie pour tout le monde. Qu'on me cite, je ne dirai pas une classe de propriétaires et de capitalistes, çela est tout simple et peut être pour les auteurs un sujet de satisfaction, mais une classe de travailleurs quelconque à laquelle il n'ait affreusement nui! Qu'on veuille bien considérer à quel point il a nui surtout à la classe de travailleurs la moins heureuse, à celle, dont il devait, disait-on, relever la condition et adoucir le sort! Qu'on fasse le dénombrement des malheureux ouvriers qu'il a fait périr dans d'odieuses luttes! Qu'on voie la masse de ceux qu'il a fait condamner à la transportation; la masse plus grande de ceux qu'il a mis dans la cruelle nécessité de s'expatrier, de se déporter eux-mêmes, et celle plus grande encore de ceux dont il a détruit le travail ou qu'il a forcés de se résigner à de dures et inévitables réductions de salaire! Qu'on cherche enfin, pour les placer en présence de tant de maux, ceux qui en ont été les principaux artisans, et qu'on leur demande ce qu'ils ont recueilli de leur entreprise, je ne dirai pas de gloire, mais seulement de considération et d'honorable notabilité!

LIVRE SEPTIÈME.

Bilan de la révolution.

Il est des hommes pour qui les mots sont tout. J'en connais bon nombre de cette espèce qui ne doutent point, par exemple, qu'un pays n'ait fait la meilleure, la plus riche, la plus merveilleuse des conquêtes quand il a conquis un gouvernement bien ou mal baptisé RÉPUBLIQUE ! Ceux qui se piquent d'un peu de bon sens et de lumières ne se montrent pas si accommodants. Ils regardent au fond des choses ; et, sans s'informer du nom que porte leur gouvernement, des couleurs qu'il arbore, des légendes qu'il a fait inscrire sur ses bannières ou au frontispice des monuments publics, ils examinent avec soin, quand ils en veulent faire une appréciation intelligente et juste, quels sont au vrai les avantages dont il fait jouir le pays qui l'a adopté.

Imitons ce judicieux exemple. Précisons les résultats de la révolution. Ouvrons à cet événement, que tant de causes déjà nous ont permis de qualifier de déplorable, un compte à la fois moral et matériel. Créditons-le de ce qu'il peut avoir produit d'avantages ; débitons-le de ce qu'il a eu d'effets désastreux, et voyons en somme comment le compte se balance.

En réalité, il ne s'agit ni d'exalter, ni de déprimer le

régime que la révolution a produit. Il s'agit de l'apprécier comme il mérite de l'être, de le comparer, sans partialité comme sans faiblesse, à celui qu'il a si violemment et si inopinément remplacé, et de voir ce que la France a gagné au change.

Quels étaient les griefs reprochés au gouvernement déchu? Il n'est pas un homme doué d'un peu de sens et de bonne foi qui ne soit obligé de reconnaître que la France, sous ce gouvernement, jouissait d'une sécurité profonde, d'une grande somme de prospérité, d'une liberté relativement considérable, qu'il dépendait d'elle d'accroître par les voies régulières et sans bouleversement nouveau, et qu'en résultat, les dix-huit années du dernier règne ont été les meilleures et les plus favorables à son avancement qu'il lui ait encore été donné de passer sous aucun régime. Mais, comme s'il était possible de lui faire un crime des violences qu'il a si longtemps subies et de l'abandon absolu dont il a finalement été l'objet, on observe que jamais gouvernement, poursuivi d'agressions plus vives, plus acharnées, plus implacables, n'a été, en définitive, plus mollement défendu, ni plus facilement détruit, et la raison qu'on en donne, c'est qu'il était corrompu et corrupteur; que, dans l'intérêt de cette corruption, à la fois subie et pratiquée, il travaillait sans cesse à étendre ses attributions, à se créer des moyens plus ou moins irréguliers d'influence, à multiplier les dépenses et les abus, et qu'il avait fini par devenir hostile à toute réforme, notamment à celle de qui toutes les autres étaient attendues, à la réforme électorale et parlementaire.

Eh bien, par une partialité tout à la faveur de la révolution qui l'a détruit, ne considérons du gouvernement de Juillet que ce côté, par où il paraît loin en effet de s'être montré irréprochable, et voyons comment il a été pourvu par celui qui a pris sa place à la correction des vices qui lui étaient si violemment reprochés ; jusqu'à quel point la révolution et ses adhérents se sont montrés dégagés de passions cupides, et ce que leur ont permis d'opérer de salutaires réformes les sentiments d'abnégation et de justice dont ils étaient animés ; ce qu'ils ont fait pour l'amélioration des relations sociales ; pour rendre plus parfaite la sûreté des personnes et des biens ; pour étendre, en les perfectionnant, les libertés acquises ; pour diminuer les charges imposées à tous les citoyens, et, en étendant le domaine des libertés dont on jouissait déjà, en supprimant, avec la réflexion et les ménagements nécessaires, ce que pouvaient offrir d'abusif ses attributions, en faisant subir de notables réductions à ses dépenses, en procurant enfin plus de sécurité et de liberté à tout le monde, ce qu'ils ont ouvert à tout le monde de nouvelles sources de prospérité.

Et d'abord, allant directement au cœur du sujet, et considérant la révolution dans son vrai mobile, voyons si ses auteurs et leurs nombreux complices ont été plus exempts que les amis du dernier régime de cette avidité déréglée, de ce désir immodéré de la richesse bien ou mal acquise, de cet amour du faste et des plaisirs sensuels, et, pour acquérir plus vite les moyens de satisfaire ces penchants, de cette disposition à se faire, de manière ou d'autre, une ressource du gouvernement qui est le travers de mœurs le plus général et le plus grave de notre pays et de notre temps, et qui est désigné, ou que je désigne, moi, par le nom de corruption politique.

Je ne suis, hélas! que trop sûr d'être dans le vrai et de parler comme fera l'histoire en disant que jamais, au contraire, cette disposition ne s'était manifestée avec moins de retenue et sous des formes plus emportées et plus violentes.

On se fût attendu à voir d'austères républicains se signaler par une certaine simplicité de besoins et d'habitudes. Rien n'eût été plus raisonnable et de meilleur goût. Il ne semblait pas possible que des moralistes en apparence si rigides voulussent imiter un faste et des recherches qu'ils avaient si sévèrement blâmées. C'est par là pourtant qu'ils se sont hâtés d'imiter, de surpasser même la monarchie, et souvent en s'emparant assez peu délicatement de ses dépouilles. On sait ce qui a été dit de leurs installations somptueuses, de leur luxe de table et d'ameublements, de leur empressement à s'emparer des loges et des voitures royales, de leur disposition à poser et à trôner. Il me répugnerait d'insister sur ces faiblesses qu'on leur a tant reprochées, et de faire remarquer ce qu'elles ont offert quelquefois de singulier, d'outré et de véritablement excentrique. Mais je ne pouvais passer sous silence un ordre de faits par où s'est révélé le fond des âmes et qui a montré si clairement à quelles passions on obéissait. L'exemple donné à cet égard par les chefs n'a pas manqué d'imitateurs dans les rangs intermédiaires de la révolution, et même dans ses régions inférieures. Je pourrais citer certaines orgies du parc de Monceau, et dire ce qui s'est passé dans plus d'une préfecture, au bon temps des commissaires. Les goûts voluptueux, les satisfactions sensuelles, l'amour des rémunérations sans travail sont descendus de proche en proche dans tous les rangs. Ils ont été prêchés directement aux classes les moins heureuses. Le socialisme a dit qu'il était bon que le peuple eût des besoins, qu'il contractât le goût des choses chères et des jouissances raffinées ; qu'on ne pouvait trop lui inspirer le désir d'une situation qui conrendît ces satisfactions possibles, qui le dérobât aux conséquences d'une vie mal réglée, qui le dispensât des vertus dont n'a été dispensé personne. On a voulu faire connaître les plaisirs du luxe à des classes qui manquaient de pain. On leur a ménagé des soirées de spectacle. On a installé des indigents, sous le nom d'invalides civils, dans la plus splendide des demeures royales, et entrepris l'éducation politique des classes ouvrières sous les lambris dorés du Luxembourg. On a commencé cette éducation en soulevant devant ces classes non des questions de justice, mais des questions d'argent, et en s'adressant à leur cupidité. On a dit que le peuple devait être riche, qu'il voulait l'être et qu'il le serait. On l'a excité à le devenir par les voies les moins honnêtes. On l'a désaccoutumé du travail et tenu pendant plusieurs mois dans un état d'oisiveté soldée. On a excité sa jalousie contre les classes riches ; les richesses de ces classes lui ont été présentées comme le fruit de l'usurpation, et il a été directement provoqué à s'en emparer par la violence. Ajoutons que, tandis que la révolution fomentait ainsi les instincts les moins moraux des classes inférieures, elle ne se piquait pas toujours de se montrer plus désintéressée et plus honnête dans les rangs de ses adhérents d'un ordre supérieur. Dès les premiers moments, le gouvernement a été assailli de sollicitations de toute espèce. On lui adressait de tous côtés et à toute heure des demandes de crédit, des demandes d'ajournement pour le payement de ses dettes, des demandes de subventions ou de primes pour toute sorte d'entreprises et d'établissements, des demandes de places enfin, et celles-ci plus furieuses, plus acharnées, plus innombrables que celles d'aucun autre ordre. Ceci, au surplus, a été public et publiquement avoué. Nous étions littéralement assiégés, a dit à la tribune, dans un moment d'épanchement, un ancien ministre du gouvernement provisoire [1]. Et encore comment ces demandes nous étaient-elles présentées? On nous parlait la menace à la bouche; les heures d'existence nous étaient comptées; les solliciteurs faisaient masse et leurs requêtes prenaient, en quelque sorte, le caractère de l'émeute et de l'insurrection.

Voilà à quel degré s'est montrée pure, honnête, désintéressée, une révolution faite, soi-disant, en haine de la corruption politique. Or, comment nier, en présence de ces faits, que son compte ici ne se balance par une aggravation du mal qu'elle était, assurait-elle, venue corriger.

Presque tout, dans ses premiers actes, s'est ressenti de ce surcroît de corruption. L'esprit qui l'animait à cet égard s'est manifesté jusque dans la plus générale et en

[1] M. Garnier-Pagès.

apparence la plus populaire de ses réformes, dans l'établissement du suffrage universel. En faisant des classes les plus nombreuses et les moins favorisées du côté de la fortune et des lumières l'objet de ses flatteries intéressées, en leur livrant l'électorat et la souveraineté politiques, elle avait bien cru mettre le pouvoir dans les mains de classes dont elle serait la maîtresse, et se procurer par elles le moyen d'opprimer et de dominer le reste de la société. L'événement, il est vrai, a déjoué ces coupables espérances : les classes peu avancées se sont montrées plus intelligentes que ne l'avait pensé la révolution de l'accord de leurs intérêts avec celui des classes instruites et aisées. Mais le calcul avait été fait, la chose est indubitable, et que se pouvait-il de plus immoral ?

Quant à savoir si l'établissement d'une institution aussi radicale que le suffrage universel a été bon en soi, cela n'est pas facile à dire. L'événement a prouvé qu'il était, contre l'attente de ses auteurs, excellent pour les circonstances où il a été établi ; et il a été bien excellent, en effet, puisqu'il a sauvé la France; puisqu'il a détrôné les usurpateurs qui l'avaient fondé ; puisqu'il leur a fait voir que la nation française n'était pas d'humeur à appuyer leurs entreprises violentes et leurs desseins extravagants ; puisqu'il a fait merveilles contre tout cet appareil de philanthropie menteuse et de systèmes anti-sociaux qui, sous le nom de socialisme, sapait la propriété, détruisait la liberté du travail, ruinait la société en l'attaquant dans toutes ses bases. Et néanmoins si, du mois d'avril de l'année dernière au mois de mai de cette année, l'immense majorité de la population virile, prise en masse, a prouvé, d'une manière à peu près générale et constante, dans une certaine suite d'élections, qu'elle avait assez de sens et de courage pour résister aux provocations de l'esprit de rapine et de subversion, la France a appris, non sans quelque effroi, par ce qui s'est passé dans un certain nombre de départements, aux élections dernières, que des fractions considérables de la population électorale pouvaient se laisser déplorablement égarer, et que la majorité, qu'il est heureusement resté possible à peu près partout de supposer saine, avait impérieusement besoin de ne se point diviser et de se tenir vigoureusement sur ses gardes. Puis si, dans les instants vraiment critiques, où le salut de la société était en question, la majorité a fait, en général, preuve de zèle et d'intelligence, est-il sûr qu'elle ne faillira pas à des dangers moins pressants, à la solution de questions moins simples et moins urgentes? Peut-on espérer, en un mot, que, dans les circonstances ordinaires, le vote universel sera un bon instrument? Il est certainement permis de n'être pas, à cet égard, sans inquiétude. L'événement a prouvé, par exemple, que, dans les circonstances ordinaires, le zèle faiblirait, et il a manqué à la plupart des élections énormément de monde. Il est à craindre que, dans les mêmes cas, et lorsqu'il s'agira de questions moins élémentaires que celles que le socialisme a soulevées, le zèle ne manque encore, et que la capacité électorale ne fasse défaut. Ceux qui pensent qu'on a rendu les progrès plus faciles en appelant à la vie publique l'universalité des citoyens, commettent, je crois, une grande erreur. Il faut certainement plus de temps pour initier la société tout entière à une nouvelle vérité que pour rendre cette vérité sensible à un corps d'hommes choisis, et qu'il y a lieu de supposer plus avancés, surtout lorsque ce corps est assez nombreux pour qu'il n'y ait pas à craindre qu'il s'y forme des coalitions dangereuses, et que des intérêts de classe y deviennent prédominants. Bon, contre la pensée de ses auteurs, pour les circonstances extraordinaires où il a eu à fonctionner depuis un an, et où il s'agissait de défendre la société contre des entreprises d'une inexprimable folie, le suffrage universel pourrait bien n'être habituellement qu'un instrument plus que médiocre, et non seulement il a été institué à mauvais dessein, mais il est possible qu'il se montre ordinairement inférieur au régime électoral dont il a pris la place. Il y aurait donc double raison pour l'inscrire comme une perte au débit du compte que nous dressons.

L'esprit de la révolution s'est trahi dans la réforme parlementaire, plus ouvertement encore que dans la réforme électorale. On n'a pas oublié, sans doute, qu'elle était ici sa plainte contre le dernier gouvernement. Elle l'accusait de peupler la Chambre élective de fonctionnaires qui étaient des hommes à lui, et de ne gouverner qu'à l'aide d'une majorité dépendante. Sait-on comment elle a remédié à cet abus, objet de ses plus violentes accusations? Elle l'a corrigé en l'exagérant outre mesure, en le portant aux derniers excès, comme elle en a corrigé beaucoup d'autres; elle l'a corrigé en nommant à la Chambre élective beaucoup plus de fonctionnaires que la monarchie ne l'avait jamais fait, et des fonctionnaires que, par une honorable discrétion, celle-ci avait toujours interdit d'y introduire; par exemple, des préfets, ou, mieux que des préfets, des commissaires, c'est-à-dire des hommes appartenant à la classe de ses agents politiques les plus directs, les plus immédiats, les plus engagés, les plus dépendants, les plus passionnés, les plus compromis; de ceux-là mêmes qu'elle avait chargés de diriger l'opération électorale, et à qui elle avait donné pour cela des pouvoirs illimités. Voilà les fonctionnaires dont elle a autorisé, encouragé l'élection, et qu'elle a fait arriver en foule à la Chambre, au milieu d'une multitude d'autres. Il est vrai que depuis, quand elle a vu d'où soufflait le vent électoral, et combien peu il semblait disposé à enfler ses voiles, elle a elle-même viré de bord, et, passant d'un excès à l'excès directement contraire, elle s'est mise à interdire l'élection de tout fonctionnaire public. Mais ce nouvel excès ne vaut guère mieux que l'autre. S'il y avait abus à introduire à la Chambre trop de fonctionnaires, et des fonctionnaires de toute espèce, il n'est pas moins abusif de frapper d'une sorte d'ostracisme politique la classe entière des hommes publics, et de décider qu'aucun fonctionnaire ne pourra participer à la confection des lois. Qu'on la considère donc ici dans l'une ou l'autre des exagérations où elle est tombée, il y a eu aggravation du mal qu'il s'agissait de corriger, ou substitution à ce mal d'un mal nouveau plus grave peut-être, et ici encore, si je ne me trompe, son compte se ferme en déficit.

En somme donc la révolution, faite soi-disant contre la corruption politique, et qui ne poursuivait avec tant d'ardeur la réforme électorale et parlementaire que pour mettre fin à un si grand mal, la révolution s'est montrée, dans sa fin et dans ses moyens, profondément corrompue et corruptrice. On l'a vue animée d'un violent amour du gain sans travail, d'un désir immodéré d'enrichir par la spoliation ceux au profit de qui elle se disait faite; et c'est dans l'intérêt de ces avides et injustes passions qu'elle a opéré ses réformes les plus radicales, qu'elle a mis l'électorat et l'éligibilité politiques dans les mains des classes les moins avancées, et fait les plus grands efforts et les moins scrupuleux pour composer d'hommes à elle le grand conseil de la nation. Elle a visé, par l'établissement du suffrage universel et par l'usage qu'elle s'est évertuée à en faire, à mettre dans ses mains un pouvoir sans contradiction, un despotisme indomptable, absolu, illimité. L'événement n'a pas répondu à son attente; mais c'est bien là ce qu'elle voulait; et l'on voit ce que le pays aurait gagné à cette substitution de l'honnêteté et du désintéressement révolutionnaires à la corruption du régime déchu.

Mais ne nous contentons pas de considérer la révolution dans son esprit et dans la plus fondamentale de ses réformes. Voyons avec quelque détail comment elle a pourvu aux objets les plus essentiels que tout pays, pour peu qu'il ait de culture, attend de son gouvernement : à la sûreté des personnes, à celle des liens, à l'extension des libertés publiques et surtout particulières, et ce qu'il y eu de gagné sous ces divers rapports.

Jusqu'à quel point, par exemple, s'il est possible de poser une telle question sans raillerie, la révolution a-t-elle contribué à affermir la sûreté publique? La réponse est bien aisée. Il n'y a qu'à songer, pour être en mesure de la faire, à l'espèce de terreur sous laquelle nous vivons depuis seize mois. Il n'y a qu'à se reporter aux journées du 17 mars, du 16 avril, du 15 mai, des 23, 24, 25, 26 juin de l'année dernière, au 29 janvier de cette année, et notamment à ces dernières journées de juin où une faible minorité, emportée par l'esprit de faction, mais heureusement plus téméraire encore que factieuse, a eu l'incroyable audace de mettre hors la loi le gouvernement légal, avec l'immense majorité nationale qui l'appuie, de provoquer contre lui et cette majorité une violente prise d'armes, tant à Paris que sur d'autres points, et, à la faveur de fausses dépêches, annonçant soi-disant le triomphe de l'insurrection à Paris, de déterminer à Lyon une lutte affreuse, qui ne devait lui servir à rien. Il n'y a qu'à considérer à quel prix et par quels moyens, au milieu de toutes ces tentatives de subversion, il a été possible de pourvoir, tant bien que mal, aux besoins de la sûreté générale; comment, après avoir soumis Paris, l'an passé, à quatre mois d'état de siége, il vient de falloir recourir de nouveau à cette mesure et la rendre applicable aux départements; quel formidable établissement militaire il a fallu installer à Paris pour y jouir d'un peu de repos; comment l'Assemblée nationale, depuis plus d'un an, s'est vue dans l'impossibilité de siéger autrement qu'entourée d'artillerie et de bataillons sous les armes. Il n'y a qu'à se rappeler les sentiments d'inquiétude et d'effroi qui, à diverses reprises, ont fait fuir de Paris tant de familles aisées, arrêté tant de spéculations, interrompu tant de travaux, déprécié tant de valeurs de toute sorte. Assurément, en présence de ces faits et de tous ceux qu'on y pourrait joindre, il ne peut pas être difficile de dire si la révolution a accru notre sécurité. Il n'est que trop évident qu'elle l'a profondément atteinte; qu'elle a remplacé la paix dont nous jouissions par un état de trouble profond, dont nous ne saurons de longtemps comment sortir, et qu'à cet égard encore un terrible déficit vient s'inscrire au débit de son compte.

Mais, si elle a si mal réussi à affermir la sûreté des personnes, a-t-elle mieux fait pour celle des biens? Il n'y a, pour répondre, qu'à se demander quel était son objet véritable, et si sa pensée la plus fondamentale n'a pas été une pensée de spoliation. Il n'y a qu'à se rappeler les placards de la société des Droits de l'homme; les projets de décrets saisis chez Sobrier; les motions, au 15 mai, de Barbès et de la Montagne; les propositions portées à la tribune par Proudhon, et tout l'ensemble des manifestations communistes et socialistes. Il n'y a qu'à songer aux efforts que la révolution a faits pour l'établissement de l'impôt progressif; aux droits écrasants dont elle a menacé la transmission des héritages; aux diverses classes de propriétés dont elle a tenté d'opérer législativement la dépossession. Tout cela sans doute n'a pas laissé d'exciter des répulsions assez vives; mais ce n'est pas de la république socialiste apparemment que sont venues ces répulsions. Cette république a montré, bien loin de là, jusqu'où elle pouvait pousser le dévouement à ses idées spoliatrices : les journées de juin et autres l'ont fait assez voir. Ce n'est que de la république honnête que sont venues les résistances. Encore n'ont-elles pas été, bien s'en faut, aussi éclairées et aussi vives qu'on eût pu le souhaiter. Si celle-ci, en effet, n'a pas voulu, comme le demandait l'autre, autoriser l'État à s'emparer de toutes les propriétés privées d'un certain ordre, et même de divers ordres de propriétés privées, elle a consenti, chose déjà monstrueuse! à lui reconnaître le droit d'en opérer la dépossession; elle lui a reconnu le droit de s'en emparer pour les faire valoir à son compte, de spéculer sur la fortune des citoyens, de les exproprier *pour cause de spéculation*, et elle a fait des mots *expropriation pour cause d'utilité publique*, une traduction fausse et extravagante, qui n'irait pas à moins qu'à permettre à l'État de s'emparer de tous les biens, et que n'aurait pas consenti à en faire la Convention elle-même, au plus fort de sa tyrannie et dans les moments où elle a mis à son autorité le moins de bornes. La Convention, en effet, restreignait le droit d'expropriation, comme avant elle on l'avait toujours fait, et, comme il y aura toujours lieu de le faire, aux cas où il était impossible de faire autrement, c'est-à-dire au droit de s'emparer, moyennant indemnité, de telle propriété particulière dont on aurait indispensablement besoin pour un usage public, pour l'emplacement d'un édifice, par exemple, pour le passage, la rectification, l'élargissement d'un chemin; et, par sa déclaration des droits du 24 juin 1793, elle avait décrété que « nul ne pourrait « être privé sans son consentement de la moindre portion « de sa propriété, que lorsque *la nécessité publique, léga-« lement constatée, l'exigerait évidemment*, et sous la con-« dition d'une juste et préalable indemnité. » La nouvelle Constitution ne consacre pas le droit de propriété dans des termes à beaucoup près aussi énergiques. Elle n'exige, en effet, pour autoriser l'expropriation que l'invocation de l'utilité publique, et, comme on l'a vu, à l'occasion des projets d'expropriation des chemins de fer possédés par des compagnies, l'Assemblée constituante a admis qu'*au nom de l'utilité publique,* il pouvait être permis à l'État de faire main-basse sur des classes entières de propriétés. En résultat donc, et malgré la réprobation qu'ont paru encourir les théories communistes et socialistes, il est vrai de dire que le droit de propriété est sorti de la crise révolutionnaire (s'il en est sorti) assez gravement atteint, et qu'ici encore le compte de la révolution se balance par des résultats fort regrettables.

Mais, si la révolution a eu pour effet d'affaiblir la sûreté des personnes et des fortunes, a-t-elle au moins racheté ce dommage par une extension plus grande donnée à la liberté ? Tout au contraire, au moins dans la pensée de ses auteurs démocratico-socialistes. La liberté a souffert de la révolution plus encore que la sûreté personnelle et que le droit de propriété. La révolution a eu beau inscrire le mot en tête de ses légendes, il a été aisé de voir qu'elle était hostile à la chose et qu'elle n'en voulait point. Ce qu'elle a poursuivi, sous le nom de liberté, c'est uniquement la généralisation des droits politiques, l'extension à la masse du peuple des prérogatives de la souveraineté, le droit de faire la loi, en un mot, et, par là, le moyen de dominer et d'opprimer, rendu commun à tout le monde et singulièrement aux classes les plus nombreuses et les moins avancées. Il est bien certain que, par le mot liberté, la révolution n'a jamais entendu autre chose, et qu'en février notamment, elle n'a voulu, par l'établissement du suffrage universel et direct, par la proclamation du droit d'association, par l'ouverture et la permanence des clubs, que ceci : donner aux masses ouvrières le moyen de prêter main-forte aux aventuriers politiques qu'elle leur avait donnés pour patrons, le moyen d'élever ces aventuriers sur le pavois et de les faire régner despotiquement sur les classes moyennes et supérieures. L'événement, il est vrai, n'a répondu que très incomplétement à cette attente ; mais tel était essentiellement le but, et non pas la bonne pensée de donner plus de vraie liberté aux individus, d'affranchir davantage les professions particulières, d'en rendre l'exercice plus facile et plus fructueux.

Ce but n'a pas même été celui de la nouvelle Assemblée constituante, bien qu'elle fût infiniment plus honnête, plus modérée, moins dominatrice, moins illibérale que la plupart des révolutionnaires de février ; et il ne faut qu'ouvrir la constitution qu'elle a faite et parcourir la nomenclature des libertés individuelles qu'elle a consacrées sous le nom de droits publics, pour voir qu'elle n'a point accru le nombre de celles qui existaient déjà, et que même, elle n'a ni perfectionné la définition, ni fortifié les garanties de pas une d'elles.

La LIBERTÉ DU TRAVAIL qu'elle garantit n'est pas autre que celle que nous possédions en fait depuis soixante ans, et l'article de la constitution qui la proclame n'a sans doute voulu par là que maintenir la suppression des priviléges des anciens corps de métiers qu'avait prononcée l'Assemblée constituante. Rien n'annonce qu'on ait eu l'intention de faire plus, qu'on ait songé, par exemple, à supprimer de nouveau les corporations qui ont été rétablies, et encore moins qu'on ait eu la pensée d'affranchir l'industrie de la lourde tutelle administrative à laquelle l'ont assujettie, depuis l'abolition des jurandes, la Convention, l'Empire et les pouvoirs qui ont suivi. Il n'a pas été dit un mot d'où l'on puisse induire qu'on eût seulement songé à affranchir les établissements industriels de la formalité de l'autorisation préalable à laquelle ils ont été soumis en si grand nombre, et à remplacer ce régime censorial et préventif par des précautions d'une nature à la fois plus efficace et moins gênante. En réalité la révolution de février, loin d'avoir étendu la liberté dont il s'agit ici, n'a fait que la restreindre, et c'est à quoi elle a travaillé, notamment par les décrets qui ont prétendu limiter les heures de travail, par ceux qui ont aboli le marchandage, et même par l'article de la constitution qui est venu ajouter au bienfait de la liberté l'équivoque secours de l'assistance publique, déjà établie sous des formes variées, et qui a même joint à ce secours tout un attirail d'expédients socialistes, destinés, soi-disant, à favoriser, à encourager le travail, et qui auront pour effet bien plutôt d'en rendre le développement plus irrégulier et plus difficile.

S'il n'a réellement été rien fait pour la liberté de l'industrie, encore moins a-t-on songé à celle du COMMERCE, surtout du commerce entre individus de pays différents, et cette liberté qui, sous le nom de LIBRE ÉCHANGE, préoccupait, depuis plusieurs années, tant d'esprits éclairés et tenait une place si étendue dans les débats de la presse et même de la tribune, a cessé complétement d'attirer l'attention, et a vu ses espérances tellement ajournées que les auteurs de la constitution nouvelle se sont crus dispensés, non seulement de la proclamer, mais même d'en rien dire, et n'ont pas inséré dans les articles qui consacrent les droits publics du pays, un seul mot dont il pût se prévaloir un jour pour la revendiquer, rien qui permît aux consommateurs d'espérer qu'il leur dût jamais être permis d'aller se pourvoir pour leur argent là où ils le jugeraient le plus convenable. Tout ce qu'a su faire la révolution pour la liberté qui nous occupe, a été d'encourager l'exportation de certains produits par des primes, dont le seul effet a été de provoquer au dehors des aggravations de tarifs sur les objets primés par nous, et de faire entrer une partie des ressources de notre fisc dans les coffres des trésoreries étrangères.

La LIBERTÉ DE LA PRESSE, que la charte républicaine mêle assez singulièrement au DROIT DE PÉTITION et D'ASSOCIATION, est garantie contre la censure, à laquelle elle ne pourra être soumise en aucun cas. C'est une disposition digne d'éloges, mais qui n'a rien de nouveau; elle remonte à 1830, et c'est sous la monarchie constitutionnelle que notre pays a pris possession du droit de publier ses idées sans les soumettre préalablement à aucun contrôle. Il est vrai qu'au mérite de maintenir l'interdiction de la censure, la révolution de février a joint celui d'affranchir la presse de l'impôt du timbre et presque de la charge du cautionnement; mais quand ces concessions, faites assez mal, et qui paraissaient ne devoir être que temporaires, seraient destinées à se compléter et à se perpétuer, elles ne compenseraient peut-être pas la disposition de loi fâcheuse qui a prétendu faire un délit de la mise en discussion de certains principes, très susceptibles pourtant d'être contestés, et je doute fort qu'en présence d'une telle disposition et du droit qu'il a fallu s'arroger durant plusieurs mois de suspendre arbitrairement les journaux, il soit possible de dire que la révolution a contribué à affermir et à perfectionner la liberté de la presse. Mais poursuivons.

La constitution déclare l'ENSEIGNEMENT LIBRE. Autant en avait fait, il y a dix-huit ans passés, la dernière monarchie. Donc, à cet égard, rien de gagné encore. Reste à savoir s'il n'y a non plus rien de perdu, et si la question est demeurée intacte, si la nouvelle charte, en décrétant d'avance, par son article 9, que la liberté d'enseigner sera subordonnée à de certaines conditions de capacité et de moralité, ainsi qu'à une certaine surveillance d'une nature spéciale, n'a pas mis les choses dans une situation moins entière que celle où elles se trouvaient, et rendu impossible l'établissement d'une liberté réelle et sincère. Je ne doute guère, pour mon compte, que telle n'ait été l'intention de l'article 9, et que telle n'en soit la conséquence. En imposant à ceux qui voudront enseigner l'obligation de commencer par justifier de leur moralité et de leur aptitude, on a d'avance subordonné plus ou moins l'exercice de leur droit à la nécessité d'une sorte d'autorisation préalable, nécessité avec laquelle est naturellement incompatible toute liberté vraie, qui sera pour l'enseignement quelque chose d'équivalent à la censure, et à quoi les amis de la liberté de la presse ne consentiraient certainement pas qu'elle fût assujettie. En écrivant de telles dispositions, on n'a pu vouloir que l'enseignement fût libre. On a, bien loin de là, pris des précautions pour qu'il ne pût le devenir. Le seul désir véritable qu'ait manifesté la révolution à l'égard de l'enseignement, c'est de l'accaparer le plus possible, de le concentrer dans les mains de l'État plus encore qu'il ne l'était, et puis, peut-être, de tolérer, en dehors de l'enseignement officiel, revêtu de prérogatives quasi-souveraines, je ne sais quelle liberté d'enseigner mesquine, chétive, comprimée, à qui, moyennant qu'elle produisît force certificats, et demeurât soumise à force inspections, on voudrait bien permettre d'exercer sa petite industrie particulière. Ceci, au surplus, s'éclaircira. Mais, malgré le faste des trois mots : *l'enseignement est libre*, il est certain que, jusqu'ici, la révolution n'a fait, à l'égard de la liberté d'enseigner, qu'empirer ce qui était, qu'affermir l'État dans une usurpation flagrante, insolente, et qu'ici encore son compte se solde par un grave déficit [1].

En dirons-nous moins à propos de la LIBERTÉ DES CULTES? La nouvelle constitution reproduit à cet égard la disposition de la charte monarchique, à savoir que *chacun professe librement sa religion*, que *chacun obtient la même protection pour l'exercice de son culte*, qu'enfin *les ministres des cultes actuellement reconnus reçoivent un traitement de l'État*. La constitution ajoute, il est vrai, ce que ne faisait pas la législation existante, que la même faveur est d'avance assurée à tout culte nouveau que l'État vien-

[1] Au moment d'envoyer à l'imprimerie ces lignes, écrites depuis assez longtemps, les journaux m'apportent l'exposé des motifs du projet de loi sur l'enseignement qui vient d'être présenté à l'Assemblée législative, et la lecture de ce document, dont le nom de l'auteur permettrait de mieux espérer, ne me fait éprouver le besoin de rien changer à ce que j'ai écrit. Mes remarques subsistent.

drait à reconnaître, c'est-à-dire qu'il est loisible à l'État de mettre sous sa main et à la charge des contribuables tout nouveau culte dont la liberté le gênerait. Mais elle ne dit pas si un culte nouveau pourra se passer d'être reconnu pour être libre; si, pour se réunir et élever des temples, ceux qui l'exerceront pourront se passer d'autorisation. Et pourtant c'était bien là la chose essentielle, puisqu'il y avait litige à cet égard; puisqu'il s'était établi en fait que nul culte dissident et non reconnu ne pourrait être exercé publiquement sans autorisation préalable; puisqu'enfin cette jurisprudence avait prévalu nonobstant les réclamations les plus vives et les mieux fondées, et encore bien que la charte eût dit, dans les termes les plus explicites, que : « Chacun professe librement sa religion « et obtient la même protection pour l'exercice de son « culte. » Ainsi rien de nouveau, de corrigé ou de mieux expliqué sur ce point considérable ; rien qui contredise la jurisprudence qui s'est établie en présence d'un article de la charte absolument pareil à celui de la constitution; et pourtant, sous la constitution comme sous la charte, point d'autre liberté pour l'exercice public d'un culte non reconnu, que celle qui est compatible avec la nécessité de l'autorisation préalable, nécessité qui est la négation même de la liberté. N'avoir pas dispensé de la nécessité de cette autorisation, quand cela était si réclamé et si nécessaire, l'exercice des cultes non reconnus, c'est avoir dit nettement qu'on ne voulait pas qu'ils fussent libres. On verra à l'user, au surplus.

Le DROIT DE SE RÉUNIR, DE S'ASSEMBLER, DE S'ASSOCIER, devait être l'objet des faveurs toutes spéciales d'une révolution qui en avait su faire, pour l'exécution de ses projets subversifs, un si profitable usage. Cependant, ce qu'à cet égard la constitution républicaine a déclaré en principe ne va pas plus loin que ce que tolérait en fait la monarchie. Non seulement, en effet, la monarchie ne mettait aucun obstacle aux réunions qui avaient un objet utile ou seulement un caractère inoffensif, mais elle en permettait même de décidément agressives, et l'événement a prouvé combien elle était loin de trop entraver l'usage de celles-ci, puisque, durant les six mois qui ont précédé la révolution de février, elle a souffert qu'on en poussât l'abus jusqu'à en faire sortir, je ne dis pas la raison, mais le prétexte et le moyen de la détruire. Il est vrai qu'au dernier moment, et quand elles sont devenues ouvertement factieuses, elle a prétendu avoir le droit de les empêcher. Mais, en présence de ce qui est arrivé, qui oserait nier encore qu'elle n'eût raison en fait, et comment même oser contester le principe? L'Angleterre, si tolérante pour ces sortes de manifestations, et chez qui elles sont, en général, si peu dangereuses, a fait voir, peu de temps après notre révolution, qu'elle se croyait autorisée à les prohiber, quand elles devenaient pour le gouvernement un sujet sérieux d'inquiétude, et bien lui en a pris assurément. Le mal est que nous ne lui eussions pas donné l'exemple de cette prudence, et surtout qu'au bon moment nous n'ayons pas su imiter sa fermeté; que le ministère, à l'approche de la crise, n'ait pas réprimé le désordre des banquets avec plus de décision et de vigueur. Si, après lui, la révolution s'est montrée plus indulgente encore pour les réunions factieuses, elle n'a pas, par là, remédié à une insuffisance, mais ajouté à un excès. Il serait bien fou de croire, en effet, que l'exercice du droit d'association s'est amélioré sous son influence, et que l'ouverture et la fréquentation des clubs politiques a contribué à le perfectionner. Qu'est-ce qui a pu se perfectionner, en effet, dans ces réunions ordinairement si sauvages, si ce n'est l'esprit de sédition, si ce n'est la pire espèce de fureurs et d'extravagances?

En réalité donc, la révolution n'a ni créé une liberté nouvelle, ni perfectionné une seule des libertés déjà établies; bien loin de là, elle a affaibli la plupart des libertés existantes et appauvri en général le domaine des droits acquis au pays. Et non seulement elle a fait cela, mais elle ne pouvait faire autre chose. Ce résultat a été la conséquence de l'esprit qui la dominait, c'est-à-dire de sa tendance à substituer le plus possible l'activité collective de l'État à celle des individus, à transformer en services publics les industries, les professions particulières, et par cela même à circonscrire de plus en plus le domaine des libertés privées.

Toutefois, si elle n'a pas accru ces biens précieux, en a-t-elle rendu l'acquisition plus facile? Non, elle a, au contraire, rendu tout progrès véritable plus mal aisé. Non seulement, en effet, elle a profondément perverti l'esprit de réforme, en substituant, encore une fois, et sans la moindre nécessité, les procédés révolutionnaires à la propagande pacifique; en donnant à croire qu'il n'était pas de réforme qu'on ne pût brusquer; en portant effrontément les mains sur toute chose, et en essayant d'opérer une multitude de changements à vue; en débutant enfin, dans ces innovations précipitées, par la plus considérable de toutes, c'est-à-dire par la substitution à la monarchie constitutionnelle d'une république à laquelle personne ne songeait ; mais elle a contribué même à rendre tout plus mal aisé en étendant démesurément le droit de suffrage, et en voulant que rien désormais ne pût se faire que du consentement universel. Qu'on songe, en effet, à ce qu'il fallait déjà de patience et de temps pour accomplir une réforme utile, quand on n'avait besoin d'attendre, pour l'opérer, que de l'avoir fait comprendre et vouloir à la majorité d'un corps électoral composé seulement des deux à trois cent mille familles les plus aisées et les plus instruites du pays, et qu'on se demande ce qu'il en devra falloir aujourd'hui que nous allons vivre sous le suffrage universel, et que, pour accomplir la même réforme, il faudra en donner l'intelligence et en inspirer le désir aux masses populaires, c'est-à-dire à un corps électoral formé de neuf à dix millions de citoyens.

Mais enfin si le régime sorti de la révolution répond moins bien que celui qu'elle a détruit à l'objet attendu de tout gouvernement raisonnable, s'il donne moins de sécurité et de liberté, s'il présente en outre l'inconvénient de rendre les progrès plus difficiles, a-t-il du moins l'avantage d'être moins dispendieux et de ne pas imposer au pays d'aussi lourdes charges? Il semble que tout devait permettre d'en espérer ce résultat, et le nom de république dont on l'avait affublé à son origine, et les magnifiques promesses qui en avaient accompagné l'établissement. « On ne verra plus de budgets de quinze cents millions! » s'était écrié d'une voix triomphante M. Garnier Pagès, parlant à des hommes de finance. On ne verra plus de budgets de quinze cents millions! L'honorable membre du gouvernement provisoire disait plus vrai que peut-être il ne le croyait. Et, en effet, dès la première année, on a vu s'élever à plus de *dix-huit cents millions* les dépenses de la république; et si le budget proposé pour l'année suivante n'en a demandé d'abord que *seize cent quarante-cinq*, si la loi de finances n'en a même accordé que *quinze cent soixante-douze*, il faut remarquer que ces *quinze cent soixante-douze millions* dépassent déjà de *cent dix-huit* les *quatorze cent cinquante-quatre* qu'avait demandés la monarchie pour l'année dernière, et que d'ailleurs ce n'est là qu'un premier chiffre, un simple aperçu, qui sera probablement suivi de la demande de maints crédits supplémentaires. De sorte que, pour nous mettre, après avoir bouleversé la société et troublé l'existence de tout le monde, dans une situation où la sécurité et la liberté de chacun sont fort amoindries et où les progrès sont revenus sensiblement plus difficiles, la révolution va nous faire payer annuellement quelques centaines de millions de plus; et telle est déjà la gravité de sa situation financière que, pour y faire face, elle va être obligée de créer de nouveaux impôts, et qu'en faisant banqueroute à l'amortissement de la totalité des fonds qui lui appartiennent, en appliquant à des dépenses ordinaires les 138 millions de rentes que le public a péniblement rachetées, et qui devraient être employés à en racheter d'autres et à hâter sa libération, elle va se trouver encore de 160 millions au-dessous des dépenses votées pour l'année courante. C'est le triste aveu que nous fait l'article 5 de la loi du budget.

Ainsi, pour de moindres avantages obtenus et pour beaucoup de maux soufferts, sensible aggravation des dépenses publiques et surcroît énorme d'embarras financiers. C'est un des résultats de la révolution les plus notables et qu'il serait le moins possible de ne pas noter ici. Il vient peser, hélas! bien lourdement au débit du compte que nous avons à faire.

Et pourtant, quelque grave qu'il soit, ce résultat n'est en réalité que peu de chose, comparé aux pertes que le pays a faites d'ailleurs, à ce qu'il y a eu d'industries arrêtées, de fortunes détruites, de dépréciation subie par les fortunes conservées. Ce dernier fait de la dégradation des fortunes restées debout est peut-être un de ceux qui témoignent avec le plus de force des ravages que la révolution a commis. Après seize mois écoulés depuis qu'elle a été faite, les valeurs qu'elle n'avait qu'avilies n'ont pas cessé de conserver l'aspect de ruines, et elles ne se relèvent de cet état qu'avec une excessive lenteur. Les rentes 5 p. cent, qu'elle avait fait tomber de plus de 117 francs à moins de 60 francs, étaient encore au-dessous de 80 francs, il y a peu de jours, et, pour chaque coupon de rente de 5 francs, perdaient 27 francs encore? Les actions de la Banque de France étaient remontées à peine aux deux tiers de leur ancienne valeur. A Paris, le revenu des propriétés immobilières, et notamment des maisons, restait à peu près diminué du tiers; la moins value dans le reste de la France de toutes les propriétés demeurait toujours très considérable; et toutes ces dépréciations, dont la fortune publique ne se relèvera, même après que la France aura repris une bonne assiette, qu'avec beaucoup de temps et d'efforts, forment, réunies, une perte colossale et malheureusement trop réelle dont il faut débiter encore le compte lamentable que la révolution avait à nous rendre ici de ses résultats.

Et pourquoi tout cela en définitive? Pour mettre de certains hommes en possession du pouvoir que d'autres détenaient? Pour substituer à des noms illustres des vulgarités inconnues? Pour faire descendre d'augustes familles du rang suprême, et pour élever à leur place tels et tels noms propres dont l'existence n'était pas même soupçonnée? Pour inonder la France de ces légions de commissaires et d'émissaires parmi lesquels le monde a vu figurer avec stupéfaction tant de singuliers personnages? Pour renouveler, en un mot, le personnel de tous les services avec le prodigieux succès qu'on a vu? Mais je demanderai si c'est bien ici que les avantages de la révolution se manifestent, et que nous allons découvrir des compensations aux maux qu'elle a faits? La France doit-elle bien se féliciter d'avoir vu sa sécurité détruite, ses travaux interrompus, ses libertés compromises, ses finances ruinées, la fortune de ses habitants réduite d'un bon nombre de milliards pour pouvoir se donner la joie de voir messieurs tels et tels trôner à la place qu'avaient précédemment occupée de nobles princes? Il n'y a vraiment que le peuple le plus spirituel de la terre pour faire de ces belles spéculations-là. Et néanmoins je doute qu'en y réfléchissant, il trouve que la spéculation ait été des meilleures, et qu'il soit tenté de porter ce résultat au crédit du compte que nous dressons. En réalité, ce compte ne présente de toutes parts que des pertes, et, avec des dispositions qui ne se piquent pas d'être bienveillantes, mais qui veulent demeurer justes et judicieuses, je ne parviens pas à noter un seul côté par où la révolution ait produit, au moins directement, de bons effets.

Non seulement elle ne s'est honorée par la production d'aucun véritable bien public, mais, n'hésitant pas à se mettre en contradiction avec ce qu'elle avait annoncé, mentant effrontément à son affiche, elle a poussé immédiatement à l'excès les vices qu'elle reprochait au gouvernement qu'elle était venue détruire. Elle l'accusait de corruption, et elle s'est montrée tout d'abord infiniment plus corrompue qu'il ne l'eût été à aucune époque; non seulement elle s'est ruée avec une ardeur jusqu'alors inconnue sur les biens dont elle venait de faire sa proie, mais elle n'a cherché à se ménager l'appui des masses qu'en s'adressant à leurs plus mauvais instincts et en surexcitant surtout leurs passions cupides. Elle n'avait cessé de reprocher au régime déchu d'altérer la composition des Chambres par l'influence abusive qu'elle exerçait sur les élections, et, du premier coup, poussant cet abus à ses dernières limites, il n'y a eu ni violence ni fraude devant lesquelles elle ait reculé pour faire sortir de l'urne électorale une majorité favorable à ses desseins. Elle imputait au gouvernement de faire des pouvoirs publics un moyen d'exploiter la France, et, sans la moindre pudeur, elle a assigné pour fin à la généralité de ses réformes politiques, financières, économiques, la dépossession violente des classes aisées au profit de celles qui ne l'étaient pas, et au milieu desquelles elle avait placé son point d'appui. On pouvait reprocher au dernier régime de ne pas remplir suffisamment sa véritable tâche, de s'en imposer un grand nombre qui ne le regardaient pas, de se charger de beaucoup trop de choses, d'accaparer une multitude de travaux et de professions qui appartenaient au domaine de l'activité privée : on sait jusqu'où la révolution a voulu pousser les usurpations de ce genre. L'effet naturel de ces usurpations était de compromettre beaucoup de libertés particulières : la révolution, en les outrant, n'a pu que devenir plus hostile encore à la liberté. La révolution reprochait à la monarchie déchue l'excès de ses dépenses, et, en interrompant beaucoup d'utiles travaux, en liardant misérablement sur le traitement de tous ses fonctionnaires, elle a eu l'art, dès la première année, d'excéder de plusieurs centaines de millions les dépenses de la monarchie. Elle devait surtout améliorer le sort des masses, et, en écrasant les classes riches et aisées, elle a eu le secret de rendre les pauvres infiniment plus misérables et d'abaisser à la fois toutes les conditions. Elle devait en particulier élever et épurer la classe des fonctionnaires, et c'est notamment dans celle-ci qu'elle a d'abord tout dégradé et rapetissé. Sa principale mission était de rendre les progrès plus faciles, et, en substituant encore une fois l'esprit révolutionnaire à l'esprit de réforme, elle a ajourné pour longtemps toute véritable pensée d'amélioration, et, en plaçant par l'institution du suffrage universel le point de départ des améliorations dans les classes les plus nombreuses et les moins instruites, elle les a rendus toutes plus mal aisées. De quelque côté qu'on l'envisage, on ne trouve que des déconvenues, que des résultats qui sont des pertes et qui viennent grossir le passif de son bilan.

Faut-il le dire? S'il est résulté de la révolution des avantages, ces avantages sont purement négatifs, et elle n'a servi que par ses excès mêmes et par l'instruction qui en pouvait sortir. Je conviens que, sous ce rapport, elle a pu produire très largement le bien qu'on en devait attendre, et qu'elle n'a été que trop propre à nous instruire, puisqu'elle nous a affreusement nui. J'entendais observer, peu après l'événement, qu'il serait fâcheux qu'une action naturellement si détestable n'eût pas les effets qu'il était dans sa nature de produire, et que le pays avait grand besoin de souffrir. Cette souffrance, que des moralistes sévères appelaient sur nous comme un juste et nécessaire châtiment, ne s'est pas fait attendre. Quelques jours s'étaient écoulés à peine, que déjà elle fondait sur le pays à grands flots; après seize mois écoulés, elle nous assiége de bien des côtés encore; nous sommes loin, d'ailleurs, d'être arrivés au terme de l'expiation, et, fussions-nous aussi légers qu'on nous a souvent accusés de l'être, nous ne le serons pas sans doute au point de ne tirer aucun fruit de cette terrible leçon. Elle est pleine d'enseignements pour tout le monde, pour les gouvernants et pour les gouvernés. Elle a une fois de plus appris aux premiers à quel point tend à devenir précaire l'autorité des pouvoirs en apparence les mieux établis, et quel besoin ils ont de veiller sur eux-mêmes; combien il leur importe de se tenir en garde contre leur tendance naturelle à l'infatuation, au relâchement, à la corruption, et surtout contre cette disposition à résister aux plus justes demandes, dans les temps calmes, qui dégénère si facilement, dans les temps de trouble, en une lâche condescendance pour les prétentions les plus iniques et les moins sensées. Il semble, d'un autre côté, qu'elle n'a pu être que profitable à l'éducation politique du pays et en particulier de Paris. Elle a dû, en mettant la population directement aux prises avec les factions, l'exercer à mieux comprendre leurs infernales ruses, à mieux démêler les pensées de renversement qu'elles sont accoutumées à cacher sous leurs invocations en apparence les plus irréprochables, et l'impérieuse nécessité qu'il y a de s'en défier toujours et de ne les aider jamais. Surtout il est permis de croire qu'elle aura eu pour effet de dégoûter de la manie des révolutions cette partie plus sincère qu'éclairée du public libéral qui se laisse aller volontiers à les considérer comme une arme défensive ordinaire, comme une manière naturelle de corriger les abus. Ce public doit commencer à comprendre que le bon moyen de réparer les défauts de notre établissement politique n'est pas de débuter par y mettre le feu, et qu'il serait difficile que nous parvinssions jamais à le mieux arranger, si nous commencions toujours par l'abattre.

Peut-être d'ailleurs la révolution, en attaquant cette fois la société dans ses principaux fondements, aura-t-elle contribué à la mieux asseoir, et à l'affermir davantage encore sur ses bases naturelles. N'est-ce pas l'avoir servie que de l'avoir mise dans la nécessité de scruter ces bases plus profondément? et la liberté, la propriété, la famille, l'hérédité ne sortiront-elles pas de l'épreuve qu'elle les a condamnées à subir, plus accréditées et plus fortes? Peut-être encore n'est-il pas fâcheux qu'elle nous ait entraînés à expérimenter de certaines folies. L'expérience coûte cher, il est vrai ; mais elle avait besoin d'être poussée un peu loin pour devenir décisive, et elle ne nous aura pas rendu un médiocre service si elle est parvenue à déblayer le terrain de la discussion et des véritables affaires de quelques théories monstrueuses qui l'embarrassaient et l'obstruaient depuis un certain temps. Il y a cela enfin qu'en poussant aux dernières limites de certains travers, déjà excessifs dans le pays, l'abus de l'esprit révolutionnaire, l'abus de l'esprit de démocratie et d'égalité, l'abus de l'influence parisienne et de la centralisation, l'abus des usurpations administratives, l'abus des créations toujours plus nombreuses de nouveaux emplois, l'abus d'une exagération toujours plus grande des dépenses publiques, l'abus enfin de la passion nationale qui est la source de tout cela et qui nous pousse tous, riches et pauvres, à rançonner le trésor public, à faire notre première et notre dernière ressource de la fortune des contribuables ; il y a cela, dis-je, qu'en poussant ces travers au dernier excès, la révolution aura peut-être enfin pour résultat de provoquer contre eux une réaction vive et salutaire, qui, bien dirigée, parviendra peu à peu à surmonter leur funeste ascendant, et permettra de placer le pays dans une situation économique et politique comparativement très favorable à son repos et à ses progrès.

Tels sont, après ce que j'ai dit des funestes suites de la révolution, les résultats heureux qu'il est permis d'en attendre ; et, quoique ces résultats aient déjà été bien chers, et qu'ils puissent le devenir davantage encore, il serait possible, s'ils étaient finalement obtenus, qu'ils défrayassent notre malheureux pays de tout ce qu'il aura dû souffrir et payer pour les obtenir, et que le suprême auteur des choses, qui ne nous conduit guère au bonheur qu'à travers la souffrance, mais qui se plaît quelquefois à faire sortir les plus grands biens des plus grands maux, tirât d'une action pleine de violence et de l'entreprise la plus anti-sociale qui ait peut-être été tentée en aucun temps, un régime d'ordre, de sécurité et de liberté qui permettrait à la société de reprendre, avec une ardeur et une vigueur toutes nouvelles, le cours interrompu de ses travaux, et qui la ferait sortir avec éclat de ses ruines.

Occupons-nous donc, en finissant, de cette réaction naturelle et nécessaire que la révolution a provoquée, et voyons comment elle pourrait réaliser ce qu'elle renferme d'espérances.

LIVRE HUITIÈME.

Réaction que la révolution a provoquée. Comment doit être dirigée cette réaction et jusqu'où elle doit s'étendre.

Quelles que fussent d'abord, au moins en apparence, la mollesse du pays et sa disposition à se résigner à la révolution nouvelle, pour peu qu'elle fût honnête et sensée, il n'était pas possible qu'un fait si plein de violence et de fraude ; un fait où toutes les oppositions constitutionnelles avaient été si effrontément jouées ; où la grande masse de la population d'ailleurs avait été comptée pour si peu de chose ; où, sans prendre la peine de la consulter, une poignée d'hommes venait de disposer souverainement d'elle et de renverser de fond en comble ses institutions ; il n'était pas possible, dis-je, qu'un changement si étrange, si en dehors de toutes les prévisions, si au delà de tout ce qu'on avait pu attendre, si brusquement opéré, si audacieusement surpris, et au fond duquel d'ailleurs se laissaient apercevoir, dès les premiers moments, les desseins les plus extravagants et les plus tyranniques, n'éveillât pas bientôt la susceptibilité, la raison, la dignité naturelles de la nation, et ne finît pas par rencontrer des résistances de plus en plus insurmontables.

Ces résistances n'ont pas tardé à se manifester. Elles ont commencé au bout de peu de semaines, et, comme de juste, l'initiative en a été prise à la source même du mal, c'est-à-dire au sein de cette garde nationale parisienne que les factieux avaient su engager si habilement dans leur entreprise, et à qui ils avaient fait faire une révolution, la révolution la plus radicale, sans que seulement elle y songeât et en fût le moins du monde avertie. Qui n'a présentes à sa pensée les démonstrations successives du 16 mars, du 16 avril, du 15 mai et surtout cette horrible lutte des derniers jours de juin, où la population de Paris, déjà si cruellement atteinte dans sa fortune, a dû payer en outre de tant de sang la faute de l'assistance qu'elle avait prêtée aux émeutiers de février? — A ces actes de Paris, ont correspondu, dans les départements, des manifestations non moins significatives, et, avant tout, la réception plus que vive qui a été faite, en tant de lieux, à ces commissaires plus ou moins généraux du gouvernement provisoire, qui n'ont pu tenir devant la réprobation dont leur personne, leur mission, leurs actes étaient l'objet, et qui ont été forcés de vider honteusement la place, sans qu'on ait seulement pu songer à Paris à les venger de cet affront; — et ces élections politiques d'avril, qui, en dépit des violents efforts de la république rouge, ont envoyé à Paris une Assemblée assez raisonnable et assez bien intentionnée, pour que cette république-là n'ait pu en soutenir la présence et ait dû essayer de la détruire dès le début de la session; — et l'ardeur indicible que la garde nationale des départements, à la nouvelle des entreprises insurrectionnelles de mai et de juin, a mise à venir au secours de la capitale ; — et les graves échecs que le suffrage universel, dans l'élection des conseils généraux et municipaux, a fait subir, à peu près partout, à l'esprit révolutionnaire ; — et ces délibérations d'un caractère si nouveau par lesquelles les conseils généraux de maints départements ont cru devoir faire connaître à qui de droit que les provinces commençaient à se lasser des révolutions que Paris faisait ou laissait faire dans ses murs ; qu'à l'avenir on ne les trouverait plus disposées à accepter de confiance les gouvernements, ainsi improvisés sans leur concours, qu'on se permettrait de leur expédier par les malles-postes, et qu'à la première apparition de ce genre, ils se réuniraient, sans attendre, bien entendu, de convocation, et verraient quelles déterminations ils avaient à prendre. — Des manifestations réactionnaires sont arrivées à la révolution des lieux d'où elle semblait devoir le moins en attendre, et elle a eu l'affront de voir les assemblées représentatives des seules républiques qui soient au monde, la diète suisse et le congrès des États-Unis, refuser d'abord d'adresser des félicitations à la France au sujet d'une création aussi équivoque que l'établissement républicain de février. — Mais c'est surtout au sein de l'Assemblée nationale, de cette Assemblée formée par les auteurs mêmes de la révolution, pour les besoins de leur cause, par des moyens tout de leur choix, et sortie sous leur direction peu scrupuleuse de ce suffrage universel qu'ils déclaraient être la seule expression fidèle et légitime de la pensée du pays, c'est, dis-je, au sein de cette Assemblée que s'est surtout manifestée la réaction. Elle a contenu le démagogisme anti-social qui s'annonçait sous le nom de république démocratique et sociale, ralenti le mouvement de démolition et de subversion auquel cette république était livrée, repoussé ses motions les plus extravagantes, rapporté ce qu'il y avait de plus sauvage dans les résolutions qu'elle avait provoquées, et écarté ses gens en même temps qu'elle révoquait leurs mesures. — Et cependant, quelque réelles que fussent ces réparations, on paraissait loin de les trouver suffisantes, et telle était partout la vivacité de l'esprit réactionnaire, que le gouvernement, alarmé, avait cru devoir exprimer à la Chambre le désir qu'elle chargeât un certain nombre de députés d'aller dans les départements, tâcher d'éclairer l'esprit public et de le convertir à la république. Mais l'Assemblée, frappée des inconvénients et de l'inutilité d'une telle mission, avait refusé d'approuver qu'elle fût donnée à aucun de ses membres; et telle était, en effet, la force du courant qui entraînait les esprits dans une voie différente de celle où on voulait les forcer d'entrer, qu'elle n'aurait pu entreprendre de changer leur direction sans risquer de se compromettre et de produire un effet précisément contraire à celui qu'on voulait obtenir. Force a donc été de les laisser à leur pente naturelle, et le choix peu républicain (peu républicain du moins par le *nom* du personnage choisi) qui a été fait pour la présidence de la république, à une majorité de six millions de voix, a bientôt fait voir dans quel esprit marchait la France, et quelles étaient la nature et la force des sentiments qui l'entraînaient. Depuis, ces sentiments, dans lesquels pourtant il entrait moins d'hostilité pour la république que pour la manière dont elle a été établie, et pour les circonstances au milieu desquelles elle s'est produite, ont continué à se manifester; et, après avoir éclaté de plus en plus dans une série d'élections partielles, elles se sont mieux fait comprendre encore dans ces élections générales des 13 et 14 mai, qui auraient été aussi significatives que les amis de l'ordre pouvaient le souhaiter, si des divisions déplorables, fruit d'une confiance follement exagérée, ne les avaient exposés, dans un certain nombre de départements, à des échecs contre lesquels tout autorise à penser qu'il leur était très possible de se défendre.

Il n'y a point à se préoccuper des accusations plus ou moins violentes dont ces tendances ont été et continuent d'être l'objet. La réaction ne marche qu'à visage découvert, n'avance que par les voies constitutionnelles, ne veut que ce que voudra le pays, constitutionnellement interrogé et agissant dans les limites qu'il a lui-même assignées à l'exercice de sa souveraine puissance. Et non seulement la réaction est irréprochable dans ses procédés, mais elle l'est dans la fin qu'elle se propose et dans les réparations qu'elle poursuit. Peut-être, quand l'heure de réviser la constitution sera venue, lui arrivera-t-il de vouloir, si c'est en effet la volonté du pays, qu'il soit proposé des changements à la constitution même. Il lui sera parfaitement permis alors d'apprécier le fond et la forme de son nouveau gouvernement; et il serait par trop étrange que la révolution, qui, pour tout bouleverser, n'a pris conseil de personne, lui contestât le droit de faire, avec l'assentiment universel, régulièrement manifesté, ce qu'au 24 février, elle s'est permis de faire, avec une si remarquable impudence, sans autre avis que celui d'une poignée de conspirateurs, assistés ou poussés par une cohue ameutée de quelques milliers d'hommes.

Mais ce n'est pas de cela qu'il s'agit. La France, à l'heure qu'il est, ne juge pas son nouvel établissement politique. Elle s'est retranchée de bonne foi, temporairement du moins, dans ce qu'on appelle la république intelligente et modérée contre une autre république bornée et violente qui n'est pas celle que le pays avoue; et tout son travail, depuis plus de quinze mois, est de lutter contre les tendances anti-sociales d'un socialisme stupide, et contre les entreprises subversives d'une démagogie qui ne consent à se soumettre à rien, qui ne reconnaît pas plus la volonté des huit millions d'électeurs qui ont paru adhérer à la république, que celle des colléges électoraux choisis, mais infiniment plus restreints, sur lesquels s'appuyait la monarchie, et qui, trois fois en treize mois, du 15 mai 1848 au 13 juin 1849, a entrepris de renverser par la violence l'ordre politique que le suffrage universel avait constitué.

Très réellement, il s'agit moins pour le pays, dans le mouvement de réaction auquel il est livré, de revenir à tel ou tel des régimes déchus, que d'avoir raison enfin d'un esprit de subversion qui s'attaque indistinctement à tous les régimes, et qui, depuis soixante ans, n'a consenti à en laisser durer aucun. La question seulement est de savoir s'il donne à ses efforts une direction suffisamment intelligente, et l'essentiel, à mon avis, est de lui faire comprendre que le vrai moyen de réagir avec fruit contre l'esprit révolutionnaire serait de s'attaquer enfin sérieusement au travers national que j'ai signalé, au commencement de ce travail, comme la cause la plus radicale de nos désordres, c'est-à-dire à ce travers qui considère le gouvernement comme une proie naturellement offerte à l'avidité de tous, qui fait qu'il n'est pas plutôt fixé dans de certaines mains que d'autres tout aussitôt se coalisent pour le ravir à celles-là, et qui est cause tout à la fois de l'instabilité de tous nos établissements politiques et du caractère de plus en plus dispendieux et oppressif qu'ils tendent à prendre en se renouvelant.

Il n'y a point à se le déguiser, ce travers a déjà eu dans le pays de tels effets, qu'il finit par y rendre le gouvernement impossible.

D'une part, en effet, il a opéré tant de bouleversements, et par suite amené tant de mutations d'hommes, que le gouvernement, quel qu'il soit, qui est destiné à s'installer définitivement dans notre pays, aura à traiter avec le personnel, vivant ou représenté par ses héritiers, de quatre ou cinq régimes, de quatre au moins; et d'un autre côté, par l'effet même de ces mutations et du monstrueux accroissement de personnel qui s'en est suivi, les services se sont tellement multipliés et les dépenses publiques tellement accrues que tous nos budgets se ferment depuis longtemps en déficit, et que nos charges annuelles dépassent, à l'heure qu'il est, de plusieurs centaines de millions les recettes possibles[1].

[1] Quoique la loi de finances du 19 mai dernier ne fixe qu'à 160 millions le déficit du budget de l'année courante, ce déficit est bien de 298 millions tout au moins; car il n'est pas possible

Voilà la situation que nous a faite le vice dont il s'agit, situation qui s'est aggravée à chaque révolution nouvelle, que celle de février a poussé au dernier excès, et qui finit, dis-je, par rendre chez nous le service public matériellement impossible.

Quel parti prendre en effet en présence de tous les personnels de gouvernement que nos innombrables revirements de pouvoir ont mis successivement en scène, depuis soixante ans, et qui se regardent tous, au même degré, sinon au même titre, comme les souverains seigneurs et maîtres de ce pays? Qui choisir entre les hommes de l'ancien Régime, de la Révolution, de l'Empire, de la Restauration, de la royauté de Juillet, de la République nouvelle?... Il n'est possible évidemment, ni de les appeler tous, car les finances d'aucun pays n'y pourraient suffire, ni d'en appeler un à l'exclusion des autres, car tous les non appelés, se liguant contre celui qu'on aurait élu, finiraient immanquablement par l'abattre.

Et, d'un autre côté, comment suffire à des dépenses de

qu'on veuille considérer comme une ressource naturelle et ordinaire les 138 millions de l'amortissement, qui sont affectés cette année aux services généraux. Ces 138 millions, en effet, se composent, en très grande partie, sinon en totalité, de rentes qui appartiennent au public, qu'il a chèrement payées, au rachat desquelles il a consacré des milliards, qui devraient être employées à en racheter d'autres, surtout dans un moment où elles sont à bas prix, qu'on ne peut détourner de cette destination sans causer au public un grave dommage; et l'acte qui oserait les affecter d'une manière permanente aux services généraux du budget serait le coup d'État financier le plus hardi qui eût été tenté à aucune époque.

16 à 18 cents millions avec des recettes de 12 à 14 cents millions qu'il est à peu près impossible d'accroître, et des déficits annuels de plusieurs centaines de millions, qu'on ne parvient à combler que par des anticipations ruineuses, en dévorant l'avenir par de continuels emprunts, et en rendant le présent de plus en plus précaire et redoutable. S'il serait difficile d'employer les personnels de quatre ou cinq régimes, quand on a à peine, en créant une multitude de services abusifs et en encombrant tous les services, de la place pour celui d'un seul, est-il plus aisé de suffire à des dépenses colossales et toujours croissantes avec des déficits toujours plus grands, et de combler le vide des déficits par des expédients qui ne peuvent que les augmenter encore, et qui, en effet, vont sans cesse les accroissant?

Il suffit d'énoncer ces difficultés pour faire comprendre que, tant que durera la cause qui les a produites, il sera naturellement impossible de les surmonter, que, bien loin de là, elles deviendront de plus en plus insurmontables, et que le travers sous l'influence duquel elles sont nées et elles s'aggravent toujours davantage, le travers qui ne cesse de fomenter chez nous des révolutions, qui multiplie indéfiniment les personnels, qui exagère le nombre et les attributions des services, qui enfle outre mesure les dépenses, nous pousse dans une voie sans issue et où l'encombrement et l'ardeur des rivalités pourraient finir par provoquer d'horribles catastrophes.

Encore une fois donc, ce que doit se proposer le pays, dans l'honnête et salutaire mouvement de réaction auquel il est livré, c'est moins de revenir à tel ou tel des régimes déchus, que de procéder enfin, dans la formation de celui qui est destiné à leur survivre, monarchique ou républicain, de manière à tâcher enfin de décourager le travers immoral et funeste sous l'influence duquel tous étaient nés et tous ont péri.

Pour cela, la première et la plus indispensable des précautions à prendre, c'est de ne pas procéder révolutionnairement, et, par haine des révolutions, de ne pas risquer d'en faire une nouvelle, de ne pas permettre qu'un nouveau parti quelconque vienne se substituer violemment à ce qui existe, et fournir à l'esprit révolutionnaire de nouveaux aliments. Le pays, au lieu d'attendre des libérateurs, qui ne manqueraient pas, quels qu'ils fussent, de lui faire payer leur victoire, et de maintenir à leur profit des abus qu'il faut enfin réprimer, le pays doit se délivrer lui-même et n'avoir raison que par les voies constitutionnelles des partis avides et des régimes écrasants que l'esprit révolutionnaire a enfantés au milieu de nous.

Ses succès, à cet égard, dépendront tout à fait du degré d'habileté qu'il saura mettre dans sa conduite, tant à l'égard des partis qui se disputent l'avantage non médiocre de le servir, qu'à l'égard du système d'administration illibéral et exorbitamment dispendieux qui est né, au milieu du conflit de leurs ambitions, des vues intéressées qui leur sont communes.

Obligé de traiter avec tant de personnels différents, et placé dans la double impossibilité de les appeler tous et d'en préférer exclusivement aucun, il lui est impérieusement commandé de faire ses choix parmi les uns et les autres avec un tel degré de bon sens, de justice et d'impartialité que les exclusions si nombreuses, qu'il sera forcé de donner, perdent tout caractère d'offense.

Et, d'un autre côté, forcé de donner l'exclusion à tant de monde, il devra se faire une loi plus impérieuse encore de ne maintenir, au profit des appelés ou des conservés, rien de véritablement abusif, d'arriver, au contraire, ne fût-ce que par un sentiment de justice envers les exclus, à la suppression sagement ménagée des services et des dépenses non nécessaires, et de faire en sorte, ainsi, que le sacrifice imposé aux non appelés porte avec lui sa compensation, de s'arranger, en circonscrivant par la suppression des abus le domaine des services publics, pour agrandir le plus possible celui de l'activité particulière, et pour rendre toujours plus libre et plus accessible l'exercice de toutes les professions.

Ces règles sortent des nécessités de la situation avec un caractère tellement impérieux, qu'il serait vraiment étrange qu'on n'en voulût point tenir compte. Je doute qu'il soit désormais au pouvoir de personne de les violer impunément. Nous avons fait de tels progrès dans l'industrie des révolutions et dans l'art de fomenter des troubles, les nombreux partis qui se disputent le pouvoir sont devenus à la fois si habiles et si ardents, qu'il n'en est pas un, même au nombre des plus considérables, qui, ayant réussi à s'emparer du pouvoir, parvînt à s'en assurer la possession s'il voulait lui conserver le caractère oppressif et dispendieux que nos soixante ans de luttes d'ambition et de cupidité lui ont fait prendre. Tous les autres lui feraient une guerre si cruelle qu'il serait bientôt jeté bas. D'où je tire cette conclusion, que l'heure présente est bien près d'être devenue l'heure des résolutions désintéressées, l'heure des réformes que depuis si longtemps les amis de la liberté poursuivent, et que, puisqu'il n'est plus possible de constituer une domination au profit de personne, il serait temps, peut-être, et grand temps, de songer à fonder un gouvernement raisonnable au profit de tous; je veux dire un gouvernement dont les attributions et les dépenses fussent enfin ramenées à des proportions plus justes et plus sensées.

Rien n'est assurément plus louable que de songer à licencier les partis. Mais, pour y réussir, il faut tâcher de les désintéresser, et pour cela deux choses, dis-je, sont indispensables :

1° S'imposer la loi, en ne prenant dans les myriades d'aspirants qui accourront vers le gouvernement de tous les points de l'horizon qu'un petit nombre d'élus, de faire ses choix avec une extrême justice;

Et 2°, en donnant aux non appelés la satisfaction de ne se voir préférer que des hommes véritablement dignes, leur procurer, en outre, à titre de réparation, l'avantage de voir devant eux un champ plus vaste et moins embarrassé, où leur activité se puisse déployer plus à l'aise, obliger le pouvoir à restituer graduellement au domaine de l'activité privée tout ce qu'il a été conduit à lui dérober de liberté et d'espace pour satisfaire aux exigences de plus en plus grandes des masses d'hommes que nos luttes révolutionnaires ne cessaient d'attirer dans les voies de l'ambition.

Il est absolument indispensable d'entrer dans quelques développements sur chacune de ces deux conditions de salut, et d'abord sur celle qui est relative aux choix d'hommes à faire, et au maniement ou à l'arrangement des partis, la plus vive, sans contredit, et la plus délicate des deux, sinon la plus importante.

Les partis qui occupent chez nous la scène politique, en écartant, bien entendu, la démagogie et le socialisme, monstruosités anti-sociales qu'il est impossible de faire entrer honorablement dans aucune combinaison, sont au nombre de quatre, qui, bien que rentrant plus ou moins les uns dans les autres, restent assez distincts pour être considérés séparément : la *démocratie*, le *bonapartisme* ou l'*impérialisme*, le parti de l'ancienne aristocratie, désigné par le nom de *parti légitimiste*, et enfin le parti sur lequel s'appuyait le dernier gouvernement, *parti* qu'on a appelé tour à tour *conservateur*, *orléaniste*, et qu'à vrai dire, ne désigne suffisamment aucune de ces appellations.

On sait, assez approximativement, de quelles portions de la nation se compose chacun de ces partis, et ce qui en constitue essentiellement la force. Quoiqu'ils diffèrent beaucoup par leur nature, leurs moyens, leur importance, ils sont tous assez puissants pour avoir réussi, en se combinant de diverses manières, à s'emparer successivement du pouvoir et à en retenir plus ou moins longtemps la possession. Aussi serait-il impossible d'en écarter systématiquement aucun, et surtout de tenir éloignés de la scène ceux qui sont manifestement les plus considérables, et par exemple les partis légitimiste et orléaniste, en ce moment privés de leurs chefs, et dont le dernier même, disloqué il y a seize mois par l'ouragan révolutionnaire, est demeuré depuis plus ou moins désorganisé. Vouloir constituer quelque chose de solide en tenant à l'écart ces deux partis, serait la plus extravagante des entreprises, et cela est si vrai que, bien qu'ils ne figurent point en nom dans l'établissement transitoire qui régit en ce moment notre pays, on peut dire qu'ils ont puissamment contribué à lui donner l'être, et qu'il ne se maintient, en quelque sorte, que par leur concours. Il est si vrai que rien de stable ne se pourrait fonder en leur absence, que notre dernier établissement politique est tombé pour une moindre irrégularité, et qu'il a suffi, pour qu'il ne pût se soutenir, de l'éloignement et de l'état d'hostilité où s'est tenue l'ancienne aristocratie territoriale, quelle que fût d'ailleurs, en dehors d'elle, l'importance des classes sur lesquelles le gouvernement s'appuyait.

On ne peut donc s'occuper utilement dans notre pays d'une recomposition du corps politique sans y faire entrer tous les partis désignés plus haut. On ne le peut pas surtout sans y comprendre les deux derniers dont je viens de parler, et la rentrée en scène des partis légitimiste et orléaniste ne saurait être ajournée longtemps. Le rappel plus ou moins prochain des chefs de ces partis, même en faisant abstraction de toute idée de changement dans les formes du gouvernement, est la conséquence naturelle du sentiment honorable qui pousse le pays à réagir avec vigueur contre les passions révolutionnaires qui les ont fait successivement expulser. Le pays a compris qu'au fond de ces odieuses scènes de révolution, auxquelles il assiste depuis soixante ans, se cachaient presque toujours de misérables questions de personnes;

que la grande préoccupation des meneurs était de supplanter les pouvoirs établis, et que ces mutations de pouvoir, déterminées par les motifs ordinairement les moins honorables, accomplies au milieu de l'émotion et de la souffrance de tous, étaient infailliblement suivies de beaucoup de résultats déplorables, rarement compensés par les biens qui pouvaient les accompagner aussi, et qu'il serait possible d'obtenir par des procédés infiniment moins violents et plus sûrs. Il a senti qu'il était temps de travailler à décourager une industrie si profondément perverse, et que l'intérêt de son repos, de sa dignité, de sa justice lui prescrivaient d'avoir raison des bouleversements de ce genre qui auraient été opérés sans nécessité. C'est ainsi, si je ne me trompe, qu'il va être amené, plus ou moins prochainement, à rappeler sur la scène, avec leurs chefs, les partis vaincus dans les deux révolutions dernières.

Déjà, et dans cette bonne pensée, il s'est successivement élevé du *Gouvernement-Provisoire* à la *Commission-Exécutive*, de celle-ci au *Pouvoir-Exécutif* qui l'a remplacée, et il est arrivé ainsi, de redressements en redressements, jusqu'à la *Présidence du 10 décembre*. La question est de savoir s'il s'arrêtera en si beau chemin; s'il pensera que l'élection présidentielle de décembre a été une réparation suffisante de l'entreprise de février, et s'il ne voudra pas arriver jusqu'à cette entreprise même; si même il s'arrêtera à la révolution de février, et s'il ne croira pas devoir remonter tout d'un coup jusqu'à celle de 1830; si, voulant avoir raison de celles des dernières révolutions qui ont été accomplies sans véritable nécessité, et seulement pour satisfaire des ambitions et des cupidités personnelles, il ne sera pas entraîné à examiner ce qu'il doit penser à cet égard de la révolution de juillet.

Je suis forcé de dire que, si l'intelligence, le courage, l'honnêteté politiques ne lui font pas défaut, il ira hardiment jusque-là, et qu'un examen sévère des entraînements auxquels il eut la faiblesse de céder, il y aura bientôt dix-neuf ans, lorsqu'il donna son assentiment à la révolution qui venait d'être accomplie, pourra le porter à penser qu'il consacra alors par son approbation un acte qui était loin d'être entièrement irréprochable, et qui, l'événement ne l'a que trop prouvé, pouvait avoir plus tard des résultats fort tristes. Ce qui fut parfaitement irréprochable, en juillet, ce fut la résistance aux ordonnances. Mais cette nécessaire et légitime résistance pouvait-elle, surtout après l'abdication du roi et du duc d'Angoulême, et après la transmission régulière du pouvoir royal au duc de Bordeaux, sous la régence du duc d'Orléans, cette résistance, dis-je, pouvait-elle, sans dépasser le but, aller jusqu'à appeler par une révolution le duc d'Orléans au trône? Il me paraît impossible, aujourd'hui que nous jugeons ces événements de sang-froid, de ne pas répondre négativement. Cette révolution, en effet, n'était ni constitutionnelle, ni nécessaire. Outre que le roi Charles X, sans tenir compte de son irresponsabilité, s'était noblement puni, en abdiquant, du crime d'État qui avait justement soulevé la population de Paris, il y avait des ministres pour répondre de ce crime; il y avait des colléges électoraux et une majorité parlementaire pour forcer le gouvernement à marcher dans les voies de la constitution. Des institutions qui avaient été assez fortes pour sortir victorieuses de l'assaut formidable que celles-ci venaient de soutenir, l'étaient assez, sans aucun doute, pour continuer à se défendre, d'autant plus qu'en ce moment rien n'était moins difficile que d'obtenir qu'elles fussent fortifiées. Rigoureusement donc la révolution n'était pas plus nécessaire qu'elle n'était légale, et elle ne s'est accomplie que parce qu'elle offrait aux passions ambitieuses le moyen de se satisfaire par l'ostracisme politique d'un parti tout entier. Or, cette expulsion du gouvernement infligée à un grand parti, cette sorte de proscription politique d'une classe importante de citoyens, renouvelée de la première révolution, était un fait de la nature la plus grave ; et si le pays, plus habile et plus ferme, avait su empêcher que les choses fussent poussées jusque-là, s'il n'avait pas permis qu'une résistance d'abord légitime dégénérât en une injuste spoliation et entraînât l'éloignement des affaires de tout un parti, il aurait, en s'opposant à ce bouleversement, empêché probablement que, dix-sept ans plus tard, celui-ci n'en amenât un nouveau, plus injuste et plus désastreux encore.

A Dieu ne plaise qu'en faisant ces remarques je veuille rien dire qui paraisse accuser la maison d'Orléans. Cette noble maison avait été fort innocente du crime des ordonnances, de la résistance que ce crime avait soulevée, du dénouement enfin qu'avait eu cette résistance. On sait de reste qu'elle n'avait pas provoqué ce dénouement, qu'elle s'était tenue à l'écart, dans l'inaction et le silence, qu'elle n'était pas venue à la rencontre du pouvoir, qu'il avait fallu aller la chercher au contraire, et qu'elle ne s'était rendue, après une honorable résistance, qu'à la nécessité de prévenir par son acceptation l'établissement imminent d'une république, encore moins préparée alors qu'elle ne l'était au mois de février 1848, et dont on lui doit d'avoir fait ajourner de dix-huit ans la désastreuse épreuve. Fallût-il admettre d'ailleurs que le duc d'Orléans eut tort, en 1830, d'accepter la couronne qui lui était offerte, et qui allait être détruite s'il ne l'eût acceptée, on ne saurait nier du moins qu'il n'ait expié aussi noblement que possible ce tort, d'ailleurs douteux, par les dix-huit années de sécurité, de paix, de liberté, de prospérité sans égale dont il a fait jouir la France, au péril presque continuel de sa vie et au prix d'une très considérable portion de sa fortune. Avoir puni cette famille si noble, si éminente, si gracieuse, si bienveillante, si française, si cordialement dévouée à son pays et à tant d'égards si exemplaire, si digne de servir aux autres de modèle et de se voir placée à la tête de toutes, comme elle l'a été; l'avoir punie par la violence, par l'outrage, par l'exil, par la spoliation, par le délaissement, par l'oubli du bien qu'elle avait fait à la France, est une action inqualifiable, qu'il faut renoncer à expliquer et surtout à excuser. Que parle-t-on de la faiblesse du roi, à la dernière heure de son règne, quand l'inactivité d'esprit, quand le relâchement de cœur, quand la dissolution morale étaient partout, et que peut-on dire à cet égard qui ne soit à l'adresse de tout le monde? Quel reproche de faiblesse d'ailleurs peut-on faire à ce prince qui ne rappelle aussitôt les occasions si nombreuses où il avait fait preuve de courage et de sang-froid? Sans parler de la bravoure militaire si naturelle à sa race, et dont il avait personnellement donné d'éclatants témoignages dans les premières guerres de la révolution, qui ne se souvient de la fermeté calme et de l'admirable présence d'esprit qu'il n'a cessé de montrer dans les jours les plus agités de son règne, et surtout dans les moments critiques, et malheureusement si nombreux, où sa vie a été directement attaquée? Qui oserait lui faire un crime de n'avoir pas voulu conserver son pouvoir à la condition de le rendre odieux, et qui niera que s'il eût consenti à éteindre dans le sang, quelque insensée et quelque criminelle qu'elle pût être, cette insurrection à laquelle une partie beaucoup trop nombreuse de la population parisienne avait l'inconcevable folie de s'associer, on ne se fût servi de ce fait pour flétrir les dernières années de sa vie et vouer son nom à l'exécration publique? Que signifient encore ces incroyables reproches d'avarice, qu'on joint avec tant de justesse et d'à-propos au reproche de faiblesse? Quelle maison royale a plus donné que la maison d'Orléans? Et que peut-on dire de l'avarice du roi qui ne rappelle que, pendant dix-sept ans, il a appliqué sa liste civile presque entière et les revenus si considérables de son domaine privé à des usages d'un intérêt presque exclusivement public, à restaurer et à décorer des monuments nationaux d'un haut intérêt pour l'art et pour l'histoire, à prodiguer les encouragements aux beaux-arts, à doter nos musées de collections précieuses, à défrayer les nombreux voyages qu'imposaient à ses fils des intérêts de service ou les devoirs de leur situation, à distribuer des secours innombrables, à recevoir, à amuser toute la société de Paris? qu'il n'a pas employé moins de soixante millions à restaurer des palais qui étaient des propriétés nationales? qu'il n'a pas distribué, dans le cours de son règne, moins de vingt-cinq millions en secours? que, non content d'appliquer à ces généreux usages la presque totalité de ses revenus, il y a consacré, en définitive, une portion considérable du fonds composant sa fortune personnelle? qu'ayant laissé, à la suite d'une administration si libérale, il faudrait dire si prodigue, plus de trente-deux millions de dettes, il a voulu qu'elles fussent intégralement payées sur ses biens patrimoniaux? que ses fils y ont engagé solidairement leur fortune? que ses belles-filles ont exigé que leur dot n'y fût point épargnée?... Voilà pourtant les monuments de l'avarice royale! Lecteurs honnêtes, qu'en pensez-vous? et comment vous paraît-il que ces faits, dont j'abrége et affaiblis malheureusement l'expression, justifient la situation que nous avons faite à la noble et populaire royauté de 1830? Mais peut-être cette situation est-elle mieux expliquée par la corruption politique également reprochée au roi? La corruption du roi! comme si la corruption du pays était descendue du trône! comme si cette corruption n'était pas partout! comme si les diverses oppositions n'étaient pas les premières à en donner l'exemple! comme s'il était jamais arrivé à aucune d'elles de combattre une tendance vicieuse des colléges électoraux, au risque de compromettre leur popularité! Mais qui ne sait que nous ne sommes jamais pour rien dans les travers publics, généraux, et bien et dûment nationaux auxquels, sans le vouloir et quelquefois sans le savoir, nos gouvernements obéissent? Ce n'était pas le pays qui était corrompu, c'était le roi. Le roi était le bouc émissaire sur la tête de qui on prétendait accumuler toutes les iniquités d'Israël. Messieurs, sachez-le bien, ces iniquités étaient les nôtres. Ce que vous appelez la corruption du roi n'était que la corruption publique. Vous dites que le roi était corrompu! Je dis qu'il l'était dix fois moins que la corruption du pays ne lui demandait de l'être. Cette corruption n'a jamais cessé de le violenter. Ses ministres peut-être auraient pu l'en mieux défendre. Mais il n'en reste pas moins vrai qu'elle n'a cessé de l'assaillir, de le contraindre, de lui imposer ses volontés. Chacun prétendait faire des questions de dynastie du triomphe de ses injustices. Le roi s'est toujours trouvé placé entre deux sortes de séditions : celle des hommes violents et celle des hommes obséquieux, l'émeute des rues et celle des Chambres et des antichambres, l'émeute qui lui tirait des coups de fusil et celle qui le poursuivait de ses obsessions, et celle qui l'assiégeait sans relâche de ses placets... Et, quand il se trouvait dans une situation si difficile et si pénible par l'effet même des travers publics, n'est-il pas odieux de vouloir lui faire un crime de ces travers qui ont fini par entraîner sa ruine, et d'y chercher des excuses pour le sort qui lui a été fait, pour les amers et inépuisables dégoûts dont fut abreuvé son règne, pour l'exil où on l'a jeté, pour le délaissement et l'oubli qui sont le prix de ses services?... Encore une fois, une telle conduite ne se peut qualifier, et je souhaite, pour l'honneur de mon pays, qu'elle soit suivie d'une réaction qui en répare, s'il se peut, l'abominable injustice! Plus nous avons été mal pour le roi, et plus ce prince, dont la vie fut si remplie de vicissitudes, a été odieusement renversé, pillé, proscrit, oublié, et plus il est juste que les âmes honnêtes se tournent vers lui, qu'elles l'honorent, le respectent, le consolent.....

Et néanmoins, quels que soient les hommages dont l'émotion, la pitié, la gratitude prescrivent de l'entourer et les profondes sympathies que mérite d'inspirer sa famille, les sentiments dont il continuera d'être l'objet ne doivent pas empêcher de reconnaître ce qu'il y eût d'imprudent et d'irrégulier dans l'acte révolutionnaire qui lui délégua le pouvoir, il y a 19 ans, qui, au-dessous de lui, substitua violemment aux classes qui le possédaient des classes nouvelles, qui furent mises subitement en possession de tous les postes de l'État, et que la nation, revenue des émotions de 1830 et instruite par les événements, sente le besoin de réparer l'usage immodéré qu'elle fit alors d'un très légitime triomphe, qu'elle réprouve la satisfaction illégitime qui fut donnée aux passions ambitieuses et à l'esprit de révolution, au préjudice d'une classe entière de citoyens, évincée du gouvernement avec les chefs constitutionnels du pays sans aucune nécessité véritable, et qu'elle marque cette réprobation, autant qu'il est en elle de le faire, non pas sans doute en ne rappelant de l'exil que les princes qui furent alors proscrits, mais en les rappelant en première ligne, et en leur restituant, ainsi qu'à la classe exclue avec eux, dans l'acte législatif qui fera cesser toutes ces proscriptions odieuses, le rang et la préséance que la révolution leur avait injustement ravie.

Jamais, il me semble, on n'a dû mieux comprendre qu'aujourd'hui à quel point il est nécessaire de veiller à ce que les lois naturelles de l'avancement politique, dans la société, ne soient pas interverties, à ce que les classes et les familles les premières nées à la vie publique et les plus anciennement distinguées ne perdent pas, sans cause légitime, le rang qu'elles avaient légitimement acquis ; et, quand on voit quelles sont à cet égard les conséquences d'un premier désordre ; quand on considère avec quelle violence, lorsqu'une classe s'est trop cavalièrement substituée à ses devancières, toutes, de proche en proche, et jusqu'aux plus infimes, tendent à supplanter à leur tour celles qui les avaient devancées, et usurpent, sans plus de vergogne que de titres, tout ce qu'il y a d'important et d'élevé dans la société, il serait difficile de ne pas reconnaître que la grave infraction aux lois de l'avancement qui a eu lieu en 1830 ne peut se passer d'être réparée.

On observe que, sous la monarchie de 1830, il était parfaitement loisible à la classe que la révolution avait évincée du gouvernement de prendre rang dans le nouvel établissement politique. Sûrement ; mais sans ses chefs et en second ordre, mais en se plaçant à la suite de la classe qui l'avait vaincue et supplantée : le pouvait-elle d'une manière honorable ? Y a-t-il profit pour quelqu'un à ce qu'une classe quelconque manque à sa propre considération ; et, si l'on a à cœur de les réconcilier toutes, n'est-il pas essentiel de les traiter toutes avec bienséance ? Ce fut une grave faute, je le répète, après le triomphe de juillet, que de traiter en vaincue celle qui avait occupé le pouvoir, et de vouloir, une fois encore, la rejeter au second rang. Elle ne pouvait accepter cette déchéance ; et si celle qui venait de prendre sa place ne le comprit pas alors, elle doit le mieux comprendre aujourd'hui que, supplantée à son tour, elle s'est vue menacée d'être rejetée dans les conditions inférieures, et qu'elle a couru un moment le risque d'être aussi maltraitée comme bourgeoisie que sa devancière, dans un autre temps, l'avait été comme noblesse. Il n'y a qu'une manière de réparer envers celle-ci l'injuste exclusion qui lui fut donnée en 1830 : c'est, en rappelant de l'exil les princes dont elle voulut partager la fortune et avec qui elle descendit noblement du pouvoir, de marquer nettement qu'on n'a plus l'intention de l'exclure.

Il faut même avoir la sincérité d'avouer que la réparation ne devrait pas s'arrêter à cet acte de rappel, et que, pour témoigner d'une manière suffisante à quel point on réprouve aujourd'hui l'esprit révolutionnaire qui la fit écarter, il y a dix-neuf ans, et tout ce qu'il put se mêler à cette détermination de passions ambitieuses et de calculs intéressés, il serait désirable que la nation, sitôt que le permettra la nouvelle constitution à laquelle elle s'est librement soumise, crût de sa justice et de sa sagesse de reporter par l'élection à la tête des affaires le chef constitutionnel du gouvernement qui, en 1830, fut indûment renversé.

Je n'examine pas si, alors ou plus tard, il y aura lieu pour elle de songer à ramener le gouvernement à ses anciennes formes, et de revenir à cet égard sur ce qui s'est passé il y a seize mois. Peut-être. Il est bien difficile, en effet, qu'un peuple qui se respecte et qui sent un peu ce qu'il vaut consente à se soumettre longtemps, au moins sans l'avoir légitimé par un suffisant examen et par un vote régulier et tranquille, à un établissement politique aussi insolemment improvisé, aussi violemment introduit, aussi frauduleusement intronisé que l'a été la république actuelle. Mais ceci est une question à part. Il ne s'agit pas précisément à l'heure qu'il est de réaction contre les formes du gouvernement, mais de réaction contre l'esprit révolutionnaire. Il est non seulement tout aussi permis, mais tout aussi nécessaire sous la république que sous la monarchie d'avoir cet esprit en exécration. Les républiques américaines ne toléreraient pas plus que le czar de toutes les Russies que, de trimestre en trimestre, de nouvelles cohues de quidams et d'aventuriers, de nouvelles troupes de barbares, remontant des profondeurs de la société, prétendissent se substituer par la violence aux classes qui les auraient devancées dans l'ordre des développements réguliers de la société. C'est cet ordre, qu'ils soient républicains ou monarchiques, que les gouvernements doivent maintenir avec fermeté là où il existe et rétablir autant que possible là où il a été troublé; et c'est précisément parce qu'il doit être rétabli là où il a été troublé que je demande qu'on revienne, autant que faire se pourra, sur les interversions violentes qu'il peut avoir subies dans nos dernières révolutions, et qu'on rappelle le plus tôt possible de l'exil non seulement les augustes proscrits de 1848, mais encore et d'abord ceux de 1830, qui sont ceux que la violence frappe depuis le plus longtemps, sinon avec le plus d'injustice.

L'essentiel, dans la société, c'est que les classes et les

familles soient rangées dans l'ordre naturel et historique de leur développement. Mais, s'il est désirable que cet ordre ne soit pas troublé par la violence, il ne l'est pas moins, prenons-y bien garde! que la violence n'essaie pas de maintenir un ordre qui aurait cessé d'être le vrai. S'il importe à la restauration poursuivie de l'ordre public en France que les pouvoirs injustement renversés soient rétablis, il importe davantage encore peut-être que, dans cet ordre, ainsi restauré, il n'y ait de positions privilégiées pour personne; qu'aucune classe ne s'y puisse arranger pour se maintenir artificiellement dans une position élévée; qu'aucune n'y entoure sa position d'ouvrages de défense qui aient pour objet de la rendre inaccessible ou moins accessible; qu'aucune ne s'y sépare des autres par des lignes de démarcation; que toutes concourent; que, sans se confondre, toutes communiquent entre elles, et qu'enfin, de la base au sommet de la société, le mouvement d'ascension et de décadence auquel toutes les classes et toutes les familles doivent être livrées, ne soit troublé par rien d'arbitraire.

Ajoutons que, plus ceci est important, et plus il le serait que, pour témoigner à cet égard de l'excellence de ses dispositions, le pouvoir légitime qu'aurait restauré la volonté nationale, si cette restauration si désirable était opérée, fît dès l'abord ses choix indistinctement partout, sans considération d'origine ou de parti, sans injuste préférence pour personne, et en prenant le mérite partout où il se serait franchement manifesté.

Telle est, si je ne me trompe, la première règle à s'imposer à l'égard des partis, si l'on veut parvenir à les pacifier : rétablir entre eux, en commençant par la tête, l'ordre que la violence a interverti, les replacer dans leur situation naturelle, les faire d'ailleurs loyalement concourir, et s'appliquer en faisant ses choix indistinctement partout, à ne montrer de préférence que pour les hommes les plus dignes, s'imposer rigoureusement la loi d'une exacte justice envers tous.

Le second moyen, ai-je dit, est de ménager, en dehors du gouvernement, à tout ce qui ne sera pas appelé, c'est-à-dire au très grand nombre, le plus d'espace qu'il se pourra ; de laisser libres et ouverts le plus de débouchés possible, et pour cela de tendre énergiquement à modifier, dans un sens favorable à la liberté, le régime administratif que les passions révolutionnaires ont développé parmi nous, de faire un contrôle sévère de ses attributions et de ses dépenses, et d'arriver, avec tout le temps, avec tous les ménagements nécessaires, sans doute, mais avec une inflexible fermeté, à la suppression de ce qu'elles présentent d'excessif.

J'ai grand besoin d'insister ici sur un point si capital et d'exposer les graves raisons qu'il y a, pour que le gouvernement, quel qu'il soit, que le suffrage universel fera définitivement sortir de la crise où nous sommes se désiste enfin, ne fût-ce d'abord qu'en principe et dans ses tendances, du système d'administration exorbitant et écrasant qui est né, dans le cours de nos soixante ans de révolution, du débordement des ambitions et des cupidités individuelles.

On sait où mène ce système. On l'a assez pu voir, depuis longtemps, et à mesure que des révolutions nouvelles, donnant accès à de nouvelles troupes d'ambitieux et d'hommes avides, ont provoqué des entreprises de plus en plus étendues sur le domaine de l'activité privée, et donné lieu à une extension toujours plus désordonnée des dépenses publiques. Cet abus, déjà criant sous l'Empire, et tellement accru par la Restauration qu'on ne croyait pas, vers la fin de ce régime, qu'il fût possible d'ajouter encore au nombre des fonctionnaires et à celui des millions qu'il fallait affecter au service public, s'est animé d'un tel surcroît d'énergie à la révolution de 1830 que, sous le gouvernement né de cette révolution, en pleine paix, sans cause apparente, ou du moins sans autre cause que celle que je ne cesse de signaler, le nombre des fonctionnaires s'est accru d'environ trente-cinq mille[1], et le chiffre des dépenses, matériel et personnel réunis, de plus de 500 millions[2]. Il y a eu toujours plus de choses exécutées par l'État, ou entreprises sous sa direction, et soumises à sa gênante et onéreuse tutelle. Au nom de je ne sais quelle utilité générale abstraite, qu'on eût été fort embarrassé d'expliquer un peu sensément, on a empiété, avec une familiarité chaque jour plus outrecuidante et plus hardie, sur les droits individuels les plus respectables. Il n'est pas

[1] Rapport du comité des finances de l'Assemblée constituante sur le projet de budget rectifié de 1848.

[2] Il paraît que, dans ces 500 millions et plus d'accroissement qu'ont pris les dépenses publiques sous le gouvernement de juillet, il y aurait à faire entrer pour environ 63 millions celui qui est provenu de la multiplication des fonctionnaires. Voir le rapport que je viens de citer.

de formes sous lesquelles la liberté et la propriété particulières n'aient été attaquées. L'autorité, systématiquement et candidement perturbatrice, a donné à cet égard aux factions l'exemple des plus dangereuses témérités, et ses doctrines administratives, objet de tant d'admiration, mènent si directement au socialisme que, lorsque les événements de février sont venus mettre en scène les sectes socialistes, ces sectes, pour essayer de réaliser leurs utopies, n'ont eu en quelque sorte qu'à suivre la voie tracée par le régime administratif en vigueur[1]. C'est ainsi qu'à l'exemple de ce que ce régime avait fait pour les cultes, pour l'enseignement, pour les travaux publics et pour d'autres branches d'activité d'une moindre importance, le gouvernement provisoire, dès le lendemain de la révolution, a entrepris de concentrer dans des ateliers sociaux des industries livrées jusque-là à l'activité particulière. C'est ainsi qu'un peu plus tard il a conçu, manifesté et

[1] Il ne laisse pas d'être piquant de voir celui de nos hommes d'Etat qui est le partisan le plus décidé et le gardien le plus jaloux de ce régime être conduit à avouer qu'il nous mène insensiblement au communisme : « En Angleterre, dit M. Thiers, on a, à l'égard « des hommes, un très grand respect pour l'individualité ; et ici, « au contraire, on a un tel respect de tous, et si peu de respect de « l'individualité, que cela nous conduit insensiblement au commu- « nisme. » (Discours sur le remplacement militaire, séance de l'Assemblée nationale du 21 octobre 1848). Ce qui n'empêche pas que le très honorable M. Thiers, dans un livre élégant et raisonnable sur la propriété, et ailleurs, ne fasse au communisme et au socialisme une guerre animée. On fait la guerre au communisme, et on défend à outrance un système administratif *qui y conduit insensiblement*.

partiellement essayé de réaliser la pensée de mettre la main sur les mines, les canaux, les chemins de fer, les banques, les assurances, et d'en transformer l'exploitation, jusque-là privée, en régies publiques, dont la direction et tous les principaux emplois seraient livrés *aux chapeaux ronds* et *aux habits noirs* du socialisme. C'est encore ainsi qu'ayant l'intention de ne rien négliger pour rendre les fonctions publiques accessibles à toutes les classes de citoyens, il a demandé au delà de 47 millions pour l'instruction primaire des classes les moins aisées, et manifesté l'intention de leur donner gratuitement aussi l'éducation professionnelle et tous les genres possibles d'éducation. Il serait long d'énumérer tout ce que projetait ce singulier gouvernement pour agrandir encore le champ déjà illimité des services publics et mener à la perfection cette administration générale qui, en quarante-six ans, j'en ai déjà fait la remarque, de 1802 à 1848, a fait monter nos budgets de *cinq cents* à plus de *dix-huit cents* millions!

Ces entreprises ont rencontré de vives résistances, il est vrai, et l'Assemblée nationale notamment a été loin de les approuver toutes. Mais que n'a-t-on pas admis néanmoins? On a admis que l'État assumât sur lui la responsabilité de toutes les misères et qu'il érigeât partout l'aumône en service public. On a admis qu'il ouvrît à ses frais aux classes les plus dépourvues les écoles militaire et polytechnique. On a admis qu'il organisât à leur profit sur toute la surface du sol l'enseignement professionnel de l'agriculture. On a admis qu'il fût fait à ses frais des avances à diverses classes d'industries et d'associations.

On a admis qu'il concentrât toutes les banques en une, et que cet ordre d'entreprises fût érigé en une sorte de service public. On a admis qu'il fût autorisé à organiser sur toute l'étendue du pays un vaste service d'hygiène publique, et qu'il se chargeât d'une sorte de gouvernement général de la santé. Que sais-je? Dans la folle manie dont nous sommes atteints de tout convertir en fonctions et en fonctionnaires, ne s'est-on pas avisé, dans ces derniers temps, de donner des médecins en titre aux chemins de fer, et ne voudra-t-on pas qu'ils aient aussi leur aumônier, leur avocat, leur notaire[1]? La république, en fait de créations d'emplois et de services, est loin, sans doute, d'avoir accompli tout ce qu'elle aurait voulu; mais, dans cette voie d'arrangements communistes ou socialistes, elle a laissé bien loin derrière elle la monarchie qu'elle avait renversée, et si je ne puis dire de combien elle a accru la masse du peuple fonctionnaire, il est au moins assuré que, dès la première année de son règne, elle a augmenté la somme des dépenses publiques de plusieurs centaines de millions.

Ainsi, le régime administratif que les ambitions et les cupidités révolutionnaires ont fondé parmi nous, depuis 1789, particulièrement depuis l'Empire, et qui, sous l'influence de ces passions, toujours plus générales et plus actives, va se développant de plus en plus, nous mène grand train au socialisme, qu'on a l'air de vouloir combattre pourtant; et ce régime suscite au gouvernement

[1] Il a été nommé des médecins attitrés, notamment, pour le chemin de Paris à Chartres et pour celui de Paris à Lyon.

des difficultés *politiques*, *économiques* et *financières* de la nature la plus sérieuse, difficultés qu'il croit aplanir en lui faisant sans cesse des concessions, et qui s'aggravent, au contraire, d'autant plus qu'il lui cède davantage, et lui fait prendre plus de développements.

Le gouvernement, par exemple, serait bien peu sage s'il considérait ce déplorable régime comme un appui véritable pour lui, et s'il croyait puiser dans ce que présentent d'excessif les attributions et les millions dont il le dote des moyens réels de stabilité et de durée. C'est par là que le régime le compromet, au contraire, qu'il fomente autour de lui tant de dangereuses passions, qu'il lui suscite tant de rivalités redoutables, qu'il fournit à ses adversaires tant de griefs légitimes, quoique reprochés presque toujours sans mesure et sans bonne foi. Plus le système d'ailleurs étend les attributions du pouvoir, et plus il aggrave sa responsabilité, et plus il multiplie les points par où il est vulnérable, et plus il donne aux populations sujet de l'accuser de ce qu'elles éprouvent de maux. Destiné en apparence à accroître son influence sur tous, il l'affaiblit et le discrédite devant tous, au contraire : devant le gros du public qu'il désaffectionne parce qu'il est sacrifié ; devant ses ennemis, à qui il fournit contre lui leurs meilleures armes ; devant ses amis mêmes, qu'il comble de faveurs sans les rendre plus dévoués. On pourrait presque dire que c'est auprès de ses amis qu'il lui nuit davantage : ils s'empressent fort autour de lui, sans doute, tant qu'il est debout et tout-puissant ; ils se disputent alors ses bonnes grâces ; ils le poussent, pour qu'il puisse satisfaire leurs convoitises, à des abus qui lui aliènent l'estime et l'affection du grand nombre; puis ils l'abandonnent au moment du péril, et ils ne manquent presque jamais de le renier quand il est à terre. A-t-on besoin d'exemples? Il ne serait pas nécessaire d'aller loin pour en découvrir, et l'histoire contemporaine en est pleine. Si, après ce qu'on a vu, à la chute des précédents régimes, du dernier surtout, nos gouvernements ne sont pas corrigés de leur disposition déplorable à chercher la force dans la possession d'une prérogative illimitée, dans l'usage habituel et familier d'une foule d'attributions abusives, dans le pouvoir de distribuer un nombre infini d'emplois, c'est qu'ils sont décidément incorrigibles. A quoi a servi, pour les faire vivre, de concentrer tant de pouvoirs dans leurs mains, d'amasser autour d'eux tant de forces, de donner à leur capitale un suprême ascendant sur le reste du pays? A quoi ont servi pour cela les attributions innombrables, les emplois indéfiniment multipliés, les armées de soldats et de fonctionnaires, les budgets de 1,500 millions, les faveurs illégitimes accordées à tant d'industries mendiantes, à qui la justice et la liberté ne suffisaient pas? Devant qui tout cela est-il tombé, et combien, en dernier lieu, a-t-il fallu d'heures pour le détruire? Voudra-t-on bien se souvenir de notre molle inertie de la veille, de nos lâches adhésions du lendemain, et se demander ce que ces tristes manifestations décélaient en nous d'affection et d'énergie réelles? Voilà trois fois, en trente-quatre ans, que nous voyons ainsi le gouvernement de ce pays s'abîmer subitement sous ce vaste amas de forces apparentes, qui n'étaient que corruption et faiblesse en réalité. Le ROI EST FORT, TRÈS FORT, écrivait M. de Châteaubriand, dans les premiers mois de 1815 : quelques semaines après, le roi très fort était à Gand. IL N'Y A EN FRANCE QUE M. DE LAFAYETTE ET MOI DE POPULAIRES, disait Charles X vers la fin de 1828, après son retour de la tournée d'Alsace : moins de deux ans après son trône était culbuté, et ce prince si noble et si loyal allait mourir tristement sur la terre étrangère. Qui ne considérait encore, dans la journée du 23 février, le gouvernement du roi Louis-Philippe, en apparence si puissant et si solidement établi, comme A L'ABRI DE TOUT DANGER SÉRIEUX ? et le lendemain au soir, ce gouvernement si puissant était à bas, et tellement détruit, qu'il n'en restait pour ainsi dire plus vestige. Eh bien, je dis qu'un système capable de faire à ce point illusion sur la solidité des garanties de durée qu'il procure à nos gouvernements, un système qui, trois fois en trente-quatre ans, a pu les exposer à de telles catastrophes, est un système imposteur, indigne de la confiance dont il est en possession, qui n'a de la force que les apparences, et qui n'offre réellement au pouvoir aucun gage de stabilité ; un système qui sème autour de lui la corruption et la défiance, qui amasse les difficultés et les périls, et qui, lorsque l'heure est venue de le défendre contre quelque danger véritablement grave, n'a plus le degré d'énergie nécessaire pour cela, corrompu qu'il est lui-même par les vices de sa propre nature.

J'ajoute que s'il a de très grands inconvénients au point de vue politique, au point de vue économique il n'en offre pas moins. Il faut prendre garde, en effet, que plus, à son instigation, le gouvernement accapare de choses, plus il usurpe de branches d'activité, plus il détourne de capitaux de leur destination naturelle pour leur donner un cours artificiel, et moins il y a infailliblement dans la société de travail et de bien-être. Il m'a semblé qu'on avait quelque sentiment de ceci après la révolution de février, pendant le cours des entreprises du parti socialiste, lorsque ce parti essayait de transformer en travaux par associations ou en régies publiques, un certain nombre d'industries privées; et l'un des hommes d'État les plus éminents de l'Angleterre, sir Robert Peel, l'avait on ne peut mieux compris, lorsqu'il disait à la Chambre des communes, le 17 avril 1848, aux applaudissements de l'assemblée entière, que *les substitutions d'entreprises nationales aux entreprises particulières ne pouvaient être avantageuses aux ouvriers, et qu'au contraire elles tendaient à les plonger dans la confusion et la misère.* Rien n'était plus profondément vrai que cette observation. Je m'étonne seulement qu'en en faisant ici d'analogues, on ne sentît pas que de telles remarques s'appliquaient avec une égale justesse à tous les travaux, de quelque ordre qu'ils fussent, intellectuels ou matériels, et qu'il n'en était guère, s'il en était, que le gouvernement pût transformer en régies publiques sans de graves inconvénients pour toutes les classes qui, de près ou de loin, participaient à leur exécution, et pour la société tout entière.

C'est, en effet, pour toute branche de travail susceptible d'être abandonnée à l'activité des entreprises privées, une détestable situation que de se trouver enchevêtrée dans les liens d'une organisation générale, et d'affecter les formes d'un service public. Il est certain que dans cet état elle n'acquiert pas un développement, à beaucoup près, aussi considérable; qu'elle est loin de compter des rameaux aussi multipliés ; que la vie et l'activité y sont beaucoup moins intenses; que les fruits en sont infiniment moins abondants, moins divers, moins appropriés aux besoins publics; qu'enfin, et par-dessus tout, elle n'occupe pas, il s'en faut, autant de monde. Que si, à cet égard, on pouvait douter, il suffirait, pour lever les doutes, comme je l'ai dit ailleurs, de mettre les industries soumises à une organisation générale en présence de celles que chacun peut exercer en liberté, et de voir un peu quelles sont les plus développées, les plus actives, celles qui occupent le plus d'intelligences et de bras, celles qui offrent le plus indistinctement du travail à tout le monde. Or, on sent ce qu'il y a de grave à limiter ainsi la sphère d'activité d'importantes branches de travaux, qui seraient susceptibles de prendre une extension immense, et à commettre ce genre d'usurpation précisément quand toutes les carrières sont obstruées, et quand celles de l'ambition, notamment, sont encombrées de partis qu'il est devenu impossible de satisfaire, et à l'activité desquels il serait si nécessaire et si pressant d'ouvrir des débouchés!

Il est vrai que l'État a l'air d'obvier à cet inconvénient en permettant jusqu'à un certain point, dans les branches de travaux qu'il a usurpées, qu'en dehors des établissements publics il s'en forme un certain nombre de privés. C'est ainsi qu'il en use dans l'enseignement, par exemple, et qu'à côté de ses établissements de l'ordre inférieur et secondaire, il consent à en souffrir de particuliers. Mais on sent à l'instant tout ce que laisse à désirer un arrangement semblable, et quelles faibles chances de prospérité et de développement peut avoir une industrie, exercée ainsi en sous-ordre et dans les plus tristes conditions, à côté de la même industrie hautement privilégiée et en possession de toutes sortes d'avantages; ce que peut, à côté des puissants monopoles de l'État, une liberté chétive, piteuse, à moitié enchaînée, observée d'un œil jaloux, rigoureusement inspectée, et obligée finalement de couvrir toutes les dépenses de ses entreprises et d'en courir tous les risques, à côté de l'État souverainement libre, maître de tout, défrayé de tout et n'ayant à répondre de rien!

On ajoute que, dans les choses que fait l'État, il en est qui sans lui ne seraient pas faites et qui ouvrent ainsi à l'activité publique des débouchés qui sans lui n'existeraient pas. Mais ceux qui parlent de ces débouchés qu'ouvre l'État par son intervention, prennent-ils garde aux débouchés qu'il ferme ou qu'il amoindrit par cela même, aux forces qu'il lui faut déplacer pour ouvrir ces débouchés, et finalement à ce qu'il est obligé d'empêcher pour réaliser ces choses, qui sans lui, dit-on, ne seraient pas faites? Il faut songer qu'il n'y a dans la société, à chaque moment donné, qu'une certaine masse de forces, et que l'État ne peut en appliquer une partie quelconque à aucun travail, sans la dérober à d'autres usages, ordinairement plus naturels et plus fructueux que ceux auxquels il imagine de les affecter; sans compter que, pour se payer des frais de cette intervention, il en retient toujours une partie, qui est enlevée aux emplois profitables qu'elle recevait, et qui se trouve dépensée en pure perte.

L'État d'ailleurs, dans le régime administratif qui est l'objet de ces observations, ne resserre pas le champ de l'activité publique seulement en s'emparant de certains travaux, et en substituant pour ceux-ci une organisation plus ou moins générale à la multiplicité naturellement indéfinie des établissements privés dont ils deviendraient l'objet, s'ils restaient ouverts à l'activité commune, il le circonscrit encore en en livrant un certain nombre au monopole de diverses compagnies ou corporations, et surtout en en soumettant le plus grand nombre à des tutelles préventives qui en gênent infiniment l'exercice, qui en ralentissent à un haut degré le développement, et en réduisant ainsi le domaine qu'ils ouvriraient à l'activité universelle de toute l'extension qu'il les empêche d'acquérir. On peut se former une idée de l'étendue du mal qu'il cause sous ce rapport, en considérant avec un peu d'attention les travaux qu'il consent à débarrasser de ces liens, et le surcroît de débouchés que ceux-ci ouvrent bientôt à l'activité générale. On a pu voir, par exemple, sous la Restauration, après la suppression de la censure, la rapide extension qu'ont prise les travaux de l'esprit et toutes les industries qui s'y rattachent; on le peut voir encore mieux aujourd'hui, et cet exemple suffit de reste pour montrer ce que les restrictions abusives du régime préventif, en ralentissant le développement des travaux qui les subissent, dérobent en réalité d'espace et d'emplois à l'activité de tous.

Notons encore que l'exercice des tutelles administratives, qui imprime une grande activité à la mauvaise police, à celle qui trouble sans nécessité, à celle qui gêne et qui décourage, a, au contraire, pour effet de nuire beaucoup au perfectionnement de la bonne, c'est-à-dire de celle qui protége, de celle qui a mission de réprimer les injustes prétentions et les actes nuisibles de toute espèce, de celle qui, en laissant la liberté entière, s'efforcerait de procurer au travail la sécurité dont il ne peut pas plus se passer que de la liberté même, et que, sous ce rapport encore, le régime critiqué nuit au développement des travaux, et prive l'activité publique d'une partie des débouchés qu'ouvrirait bientôt devant elle un régime plus éclairé, plus libéral et plus véritablement protecteur.

En somme donc, le régime administratif si vanté qu'ont fondé nos avides, nos rapaces, nos tyranniques passions révolutionnaires, ajoute au tort, déjà très grand, de surexciter de plus en plus ces passions, d'entourer le gouvernement de compétiteurs et d'ennemis toujours plus nombreux et plus acharnés, de lui susciter, en un mot, les plus graves embarras politiques, l'inconvénient économique non moins sérieux d'entreprendre sur la liberté d'une multitude de travaux, et de circonscrire ou d'embarrasser de la manière la plus regrettable l'espace qu'il faudrait laisser ouvert à tout le monde et offrir en particulier avec le plus grand empressement à l'activité inquiète et remuante des partis.

Enfin les embarras économiques et politiques qu'il est si justement permis de lui imputer se compliquent de difficultés financières qui ne sont pas moindres, et auxquelles, tant qu'il se maintiendra, il sera naturellement impossible d'obvier. Il ne faut pas, sous l'empire de ce régime, en effet, songer à des réductions de dépenses. Ces réductions sont à peu près impraticables, et les dépenses, tout au contraire, doivent nécessairement aller croissant ; c'est la conséquence forcée d'un système qui charge le gouvernement de services importants et nombreux que la nature même des choses entraîne à prendre toujours plus d'extension, des travaux publics par exemple, des cultes, de l'enseignement et d'autres encore qui ont pour mission de satisfaire des besoins considérables et naturellement croissants. A la rigueur, lorsque la paix s'affermit, que les masses s'adoucissent, que les relations se perfectionnent, il est possible de diminuer les dépenses qui ont pour objet de protéger la sûreté de tous. Mais comment réduire celles qui ont pour objet de satisfaire des besoins dont la nature est de s'étendre avec la civilisation même, à répandre l'instruction, par exemple, à nous procurer des voies de communication toujours plus nombreuses ou plus perfectionnées, etc. ; et si la mission du pouvoir est réellement de satisfaire ces besoins et d'autres du même genre, auxquels nos progrès mêmes nous condamnent à appliquer toujours plus de fonds, comment admettre qu'il puisse réduire les dépenses que cette satisfaction exige ?

Il y a dans l'esprit public de notre pays deux prétentions qu'on est stupéfait d'y voir régner ensemble : la première est *que le gouvernement soit chargé de tout ;* la seconde serait volontiers *qu'il ne dépensât rien.* Quelque étrange que cela paraisse, il est parfaitement assuré, que nous avons à la fois ces deux volontés contraires ; et qu'on nous voit, à peu près tous les jours, demander simultanément, et avec une égale ardeur, *que le gouvernement soit chargé de plus de choses* et *qu'il dépense toujours moins d'argent*.

On se souvient d'un des premiers cris que jeta à la foule, après février, la forfanterie révolutionnaire : *On ne verra plus de budgets de quinze cents millions !* Il est temps, ajoutait-on, de mettre un terme aux dilapidations financières. Songeons enfin à procurer aux contribuables un peu de soulagement : supprimons l'impôt du sel et des boissons; réduisons la taxe des lettres; remanions tout le système des impôts... Je n'examine pas ce qui a été fait dans le sens de ce programme; je me borne à observer qu'un tel programme était tout à fait dans les goûts de notre public, que l'esprit public en France appuie on ne peut plus volontiers toute réduction projetée dans les dépenses publiques : c'est une des satisfactions qu'il aime le plus à se donner. Malheureusement, ce n'est pas la seule.

D'un autre côté, en effet, il n'est guère personne qui ne fasse appel à la libéralité du gouvernement, lequel, n'ayant rien en propre, on le sait assez, ne peut être libéral que de l'argent des contribuables. Ce sont des demandes universelles de secours; c'est un feu croisé de propositions tendant toujours, il est vrai, à l'accroissement de la richesse publique, mais se terminant toutes par quelque demande personnelle d'argent : subvention à telle industrie particulière; primes à l'exportation des produits; six millions à l'industrie lyonnaise pour achat d'écharpes et de drapeaux ; quarante-sept millions à l'instruction primaire; six millions aux communes pour l'achèvement de leurs chemins; dix millions d'avances à l'agriculture; ateliers nationaux; comptoirs nationaux; services nationaux de toute espèce, destinés par leur nature même à prendre chaque année plus d'extension; et, avec tout cela, RÉDUCTION DES DÉPENSES PUBLIQUES!...

Or, on a compté qu'à force de tendre à la réduction des dépenses par ce singulier procédé, le gouvernement provisoire, en soixante-neuf jours, avait inscrit au Bulletin des lois pour un milliard de crédits nouveaux; et, quoique l'Assemblée nationale n'ait pas à beaucoup près confirmé toutes ces libéralités, elle en a maintenu un assez grand nombre pour que le budget de 1848, que la monarchie avait fixé à 1,454 millions, ait été porté en fin de compte à plus de 1,823. On a eu beau l'éplucher, réduire les traitements, s'acharner sur les moindres apparences de cumul, en venir à des lésineries misérables, faire des retenues sur les salaires après les avoir réduits, s'aviser après coup de procédés étranges pour rendre plus productives ces mesquines retenues, on n'a pu, avec tous les efforts imaginables, arriver, sur un budget de 1,800 millions, à une économie de plus de six.

Il est vrai qu'en désespoir de cause, on s'est avisé d'un nouvel expédient, et qu'ayant à satisfaire pour 1849 aux nécessités d'un budget supérieur de plusieurs centaines de millions aux ressources réalisables, on a imaginé de dire au gouvernement: « Disposez de ces ressources; elles vous sont abandonnées, et tâchez avec cela de vous tirer d'affaire. » C'était une manière ingénieuse de satisfaire à toutes les exigences de la popularité, et de limiter étroitement les crédits en n'assignant aucune borne aux dépenses. Mais le procédé n'a pas paru suffisamment sérieux; et l'on a été forcé de reconnaître que là où, pour satisfaire d'une certaine façon la passion publique, on venait de constituer des services pour une somme de 16 à 17 cents millions, on ne pouvait sensément, pour plaire à cette passion d'une autre manière, venir dire au gouvernement: « Tirez-vous d'affaire avec 13 cents millions [1]. »

En vérité donc, il reste établi qu'avec un régime qui assigne au gouvernement, en dehors de sa vraie mission, une multitude de tâches distinctes de la sienne et de nature à exiger toujours plus d'argent, non seulement aucune sérieuse épargne n'est possible, mais de continuels accroissements de dépense sont inévitables; et il n'est pas bien étonnant que la révolution socialiste de février, qui n'a eu garde de se départir de ce régime, qui ne s'est pas même contentée de le maintenir intégralement et qui s'est laissée aller à l'amplifier beaucoup plus qu'aucune autre ne l'avait été avant elle, ne soit arrivée, malgré ses suppressions de quelques emplois et son grand système de lésineries sur les traitements, qu'à une très forte aggravation des dépenses publiques. Mais la question est de savoir s'il n'y avait pas une autre manière d'arriver à faire des économies. La question est de savoir si l'on ne s'apercevra pas à la fin que ces continuels accroissements de dépenses ont leur véritable source dans ce régime administratif qu'a mis soixante ans à édifier au milieu de nous la coalition de toutes les passions avides;

[1] C'était bien là, si j'ai su la comprendre, le sens de la proposition Billaut.

régime socialiste par excellence, que le socialisme, plus conséquent que nous ne le sommes, vise uniquement à compléter, et qui met de plus en plus la fortune et la liberté des contribuables à la merci de tout ce qu'il peut se développer dans le pays d'intrigants et d'aventuriers.

Je tiens fermement quant à moi que, sous un tel régime, sous un régime qui a la prétention de constituer en régies publiques, en dehors du gouvernement proprement dit, tout ce que le nôtre y a déjà mis, les *cultes*, l'*enseignement*, les *travaux publics*, les *banques*, etc., etc., et tout ce qu'il prétend avoir le droit d'y mettre encore, les *assurances*, les *mines*, les *eaux thermales*, les *canaux* et *chemins de fer possédés par des compagnies*, et nombre d'autres articles; qui ajoute à cette prétention celle de gouverner directement par des règlements préventifs à peu près tout ce qu'il n'a pas accaparé pour son propre compte ou livré en monopole à des compagnies ou à des corporations privilégiées; je tiens, dis-je, que, sous un tel régime, il pourra bien arriver qu'on parle d'économies à titre de réclame électorale, ou pour tracasser le gouvernement, ou dans la vue plus sérieuse de le déconsidérer et de l'exposer à l'animadversion des contribuables; mais il n'arrivera pas qu'on en parle avec la pensée sérieuse d'en effectuer; parce que sous un tel régime, encore une fois, il n'y a de possibles que des aggravations de dépense, et qu'il faut commencer par se départir du régime pour pouvoir former avec sincérité la pensée de faire des économies.

Il n'y a, en réalité, qu'un moyen d'arriver à des épargnes qui comptent, de donner aux travaux du pays le degré d'extension et d'activité qu'ils sont susceptibles d'acquérir, de licencier les partis enfin et d'éloigner peu à peu du pouvoir, quel qu'il soit, la cohue d'ambitieux et d'aventuriers qui ne cessent de menacer son existence; et ce moyen, le même pour toutes ces fins, c'est, en conservant largement au pouvoir des instruments d'ordre, de police et de justice que ne lui rendent que trop nécessaires la déplorable exaltation des partis et nos innombrables infirmités sociales, de faire d'ailleurs, avec toutes les précautions qu'on voudra, subir des réductions notables à cet amas d'attributions administratives qu'a accumulées dans ses mains l'ignorance unie aux plus mauvaises passions, et qui est la vraie source des difficultés et des périls qui l'entourent, comme des maux qu'endure la société. La liberté, voilà le souverain remède : non pas celle qu'aiment et que poursuivent les factions, la liberté de l'oppression et de la violence, la liberté de s'emparer du pouvoir pour le faire servir aux plus détestables fins; mais la liberté du travail, la liberté de se livrer sans contrôle, en répondant devant qui de droit de l'usage abusif qu'on en pourrait faire, à l'exercice de toute honnête profession. Il n'est pas un des ordres de travaux que notre législation administrative a plus ou moins asservis qu'un gouvernement habile, surtout dans ces temps d'agitation ambitieuse, ne dût avoir la pensée d'affranchir. Il y aurait pour lui tout profit à les voir passer de son domaine particulier dans celui de l'activité commune. En laissant échapper de ses mains les pouvoirs arbitraires qu'il exerce plus ou moins sur tous, il se verrait déchargé de la dépense, dégagé de la responsabilité, affranchi des obsessions et des agressions sans nombre auxquelles l'exposent ces pouvoirs abusifs ; il pèserait infiniment moins sur les masses ; il livrerait un champ beaucoup plus vaste à leur activité, et, en même temps qu'il allécherait moins les passions ambitieuses, il ouvrirait à leur ardeur un champ fécond et paisible vers lequel il y aurait tout avantage à la détourner.

La république française, puisque république il y a, se trouve placée entre deux républiques contraires, vers l'une ou l'autre desquelles il faut qu'elle se décide à marcher : la république américaine, et celle qu'avait rêvée en France le socialisme de février ; une république souverainement libérale, et une autre à qui répugne foncièrement toute liberté ; une république où chacun est pleinement maître de lui-même, et une autre où l'individu est essentiellement dépendant de la communauté ; une république qui laisse le plus qu'elle peut au zèle privé l'initiative de de toutes choses, et une autre qui affecte de ne lui laisser l'initiative de rien ; une république qui veut que chacun s'aide et se tire d'abord d'affaire par ses propres efforts, et une autre qui est toujours prête à se porter forte pour tout le monde, et qui prétend suppléer de plus en plus à l'activité universelle par de nouveaux surcroîts d'ardeur paperassière et de fatras administratif ; une république à qui des populations intelligentes et actives ne demandent que de la sécurité et de la liberté, et une autre à qui une nation de solliciteurs demande de l'argent, des priviléges et des places ; une république qui, pour satisfaire aux instincts industrieux de sa nation, livre sans distinction tous les travaux à son activité, et une autre qui, pour répondre aux avides exigences de la sienne, convertit le plus de choses possible en offices publics et substitue le plus qu'elle peut son activité à celle de tout le monde; une république enfin qui, en ne dépensant pas 200 millions en frais de service public, fait des vastes régions confiées à ses soins un pays libre, tranquille, incroyablement prospère, éloigné de toute entreprise révolutionnaire et de toute idée de subversion, et une république dont le gouvernement, en dépensant tous les ans de 15 cents millions à 2 milliards, ne réussit à faire du pays qu'il régit qu'un pays d'intrigues infernales, d'agitations convulsives et de perpétuelles révolutions.

Je n'ai malheureusement pas besoin de dire vers lequel de ces deux types républicains est disposée à incliner notre république. Fille de la Convention et de l'Empire, héritière des traditions administratives de nos anciennes et de nos dernières royautés, on pense bien que ce n'est pas vers le type américain qu'elle penche. Il suffirait au besoin, pour le comprendre, de jeter les yeux sur deux des principaux projets de loi qui en ce moment la préoccupent (les projets sur l'assistance publique et sur l'enseignement), et de voir, d'une part, comment elle se flatte de suppléer pour les classes qui souffrent aux travaux que la révolution a interrompus, aux industries qu'elle a détruites, et, d'un autre côté, par quels arrangements, par quelles nouvelles et dispendieuses additions à la domination universitaire, par quelles aggravations évidentes de la servitude établie elle prétend restituer au domaine public la liberté d'enseigner qui lui a été insolemment ravie, et que les prescriptions impérieuses de deux constitutions n'auront pu réussir à lui faire rendre. Je crains fort, hélas! qu'il ne faille pas même attendre de la révolution le seul bien qu'il m'avait paru possible de s'en promettre. Plus que jamais, en effet, la disposition de nos hommes d'État est de suppléer à tout par de l'administration publique et d'étendre leur administration à tout. Des catastrophes périodiques ont beau nous avertir du danger de ces tendances, ces avertissements ne servent qu'à nous faire donner tête baissée et avec une ardeur toujours plus aveugle dans le travers qui ne cesse de nous pousser à de nouveaux bouleversements. Cela est profondément affligeant; mais qu'y faire? Puisque l'expérience n'a pu réussir encore à se faire comprendre, attendons qu'elle se soit mieux expliquée, et résignons-nous provisoirement à courir les mêmes aventures. Peut-être, à force de naufrages, finirons-nous par apercevoir le monstrueux écueil, l'écueil gigantesque contre lequel, depuis plus d'un demi-siècle, nous allons nous briser avec une si merveilleuse obstination.

FIN.

PIÈCES JUSTIFICATIVES

AUXQUELLES IL EST RENVOYÉ PAR LA NOTE PLACÉE AU BAS DE LA PAGE 10 DE L'AVANT-PROPOS.

A M. LE RÉDACTEUR EN CHEF DU ......

Paris, 4 mars 1848.

Monsieur le rédacteur,

J'éprouve le besoin de rendre justice aux soins attentifs que vous prenez pour que les esprits restent en ce moment de sang-froid et apprécient avec calme la situation étrange où vient de nous jeter l'insurrection parisienne du 24 février, situation telle qu'après une révolution de soixante ans, tout se trouve à recommencer, et qu'on va remettre en question les formes les plus fondamentales et jusqu'à l'objet même du gouvernement. Dans des conjonctures si graves, il m'a semblé que le devoir le plus impérieux d'un homme de bon sens et d'un honnête homme était de réserver l'entière liberté de son suffrage, et, en prêtant son concours au maintien de l'ordre, de refuser toute adhésion au nouveau régime jusqu'à ce que le vœu de la France se fût manifesté. Je vous prie de vouloir bien rendre publique la lettre que j'ai eu l'honneur d'écrire à ce sujet, dès les premiers jours de la révolution, à l'un des membres les plus considérables du gouvernement provisoire. La voici :

« *A M. de Lamartine, membre du gouvernement provisoire, ministre des affaires étrangères.*

Paris, 29 février 1848.

« Monsieur le ministre,

« Quelque profonde que fût ma tristesse, à la suite de l'odieux spectacle dont j'ai été témoin jeudi à la Chambre des députés, il m'a été impossible de ne pas honorer, et, en même temps, de ne pas seconder de tout mon pouvoir, par moi-même et par les mains de l'aîné de mes fils, les nobles et heureux efforts que vous avez faits, au milieu de la confusion générale où tout venait de tomber, pour conserver les conditions les plus élémentaires de tout ordre social, le respect des propriétés et des personnes.

« Mais, monsieur le ministre, comme j'attache un grand prix, dans ces temps d'immoralité, à ne pas me placer dans une situation équivoque, je crois me devoir à moi-même de ne pas vous laisser ignorer que la conduite que j'ai tenue et que je continue à tenir n'implique aucune adhésion au régime que vous et messieurs vos collègues avez proclamé, et que, lié régulièrement à un autre ordre politique, je ne me tiendrai pour valablement libéré que lorsque le peuple de France, revenu d'une première émotion et loyalement interrogé, aura manifesté son vœu dans une liberté véritable.

« Je n'ai, théoriquement du moins, aucune objection à élever contre le régime républicain, dont j'ai fait ailleurs, étant fonctionnaire public, et sous le gouvernement même qui vient de finir, une apologie animée et sincère. Je souhaiterais pour mon pays qu'il y eût été suffisamment préparé et qu'il en fût véritablement digne. Mais vous comprendrez, j'espère, monsieur le ministre, que je ne veuille pas me lier, avant toute délibération et tout vote, à un régime que la furie française a si soudainement improvisé, et que ceux-là mêmes qui l'ont établi ne songeaient point à réaliser quelques heures avant le moment où la proclamation en a été faite.

« Je suis, avec des sentiments respectueux, monsieur le ministre, votre très humble et très obéissant serviteur,

« Ch. Dunoyer,
« Conseiller d'État, membre de l'Institut.»

Maintenant, monsieur le rédacteur, permettez-moi, je vous prie, de reproduire ici cette apologie du régime républicain, que je viens de rappeler dans ma lettre à M. de Lamartine, et que je publiais en 1835, dans un ouvrage intitulé : *Mémoire à consulter sur les principales questions que la révolution de juillet a fait naître*. J'espère que la lecture en paraîtra édifiante sous plus d'un rapport :

« Je n'ai, spéculativement parlant, et de quelque amas d'absurdités et d'horreurs que ses partisans aient entouré le mot, aucune aversion pour la chose appelée république. Cette chose n'est pas en elle-même, comme les menaces à la propriété, à la famille, à l'hérédité, comme les atteintes à la liberté du travail et des transactions, de celles qui font hurler le bon sens, qui mettent en révolte la nature des hommes et des choses. Je ne pense pas, comme un éloquent ministre, qu'elle est le gouvernement des peuples naissants. J'aurais plutôt de la propension à croire qu'elle est dans les possibilités, dans les probabilités de l'avenir; qu'elle sera peut-être une des dernières déductions de la civilisation politique de l'Europe; et telle est même l'idée que je me fais de la haute raison du chef héréditaire de l'État, qu'en plaçant la république à la distance voulue par les lois de l'histoire, en la rejetant dans cet avenir inconnu et certainement fort reculé où elle sera devenue une nécessité des temps, je suis persuadé, sans pourtant en rien savoir, que cette haute raison n'aurait aucune répugnance à l'admettre.

« J'irai plus loin, et, comme je n'aime pas qu'on traite les hommes en enfants et qu'on leur fasse des monstres de choses d'ailleurs fort naturelles, dont il peut y avoir temporairement d'excellentes raisons pour chercher à les détourner, je dirai que la république, là où se trouvent réunies les conditions de son existence, n'est rien moins qu'une monstruosité; qu'elle est un noble et beau gouvernement au contraire; qu'elle ne paraît naturellement incompatible avec aucune des choses que nous considérons, avec raison, comme le fondement de toute société, comme le principe de tout développement, c'est-à-dire avec la parfaite sûreté des personnes, avec le respect inviolable des propriétés, avec la pleine liberté du travail; qu'elle ne contrarie aucune des lois de notre nature; qu'elle ne prétend point empêcher que les hommes ne naissent avec des facultés différentes, et que, ne faisant pas tous le même bon emploi de leurs facultés, ils ne puissent se trouver dans des positions très inégalement heureuses; qu'elle n'exclut aucune des distinctions justes et naturelles qui sont la suite d'une vie plus active, mieux réglée, plus intelligente, plus noble, plus honorable, et qu'au contraire elle vise, comme tous les bons régimes, à faire que chacun soit heureux, et riche, et distingué en proportion de ses œuvres.

« Mais l'infaillible moyen de faire qu'elle fût la ruine de tout cela serait sans nul doute de travailler prématurément à l'établir.

« Qu'est-on venu parler d'un *en cas* républicain qui, à défaut du roi régnant, se serait trouvé là tout prêt à recevoir le gouvernement du royaume? Quelque juste vénération que nous puissions avoir pour la vie simple, digne, égale du noble personnage auquel on a voulu faire allusion, je dirai que c'est se moquer de la raison de la France que de parler, comme d'une combinaison à laquelle la France eût pu songer, d'un essai de république avec ce personnage ou avec tout autre. Croit-on que quarante-cinq ans de révolution ne nous aient donné nulle expérience des choses possibles et des choses impraticables? Croit-on que nous ne soyons pas las d'entreprises insensées? Croit-on que nous ne soyons pas soûls de sottises? Croit-on que, si nous avons besoin de progrès, nous ne soyons pas affamés de repos, et profondément dégoûtés de folies qui rendraient tout progrès impossible?

« Ceux qui parlent de république en Europe, à l'heure qu'il est, et quand les gouvernements monarchiques sont si loin encore d'être parvenus à l'état constitutionnel, n'ont pas la première idée, s'ils sont sincères, des lentes gradations avec lesquelles la société accomplit ses réformes. Qu'on songe au temps et aux efforts qu'il a fallu pour l'abolition du régime féodal! Qu'on songe à ce qu'a coûté la suppression du régime des priviléges, et combien il s'en faut encore que ce régime soit entièrement détruit!...

« Sait-on ce qu'il faudrait pour que la république fût possible? Il faudrait qu'aux monarchies absolues eussent succédé, dans toute la société européenne, des gouvernements représentatifs; il faudrait que ces gouvernements, passés et repassés au creuset des révolutions, eussent eu le temps de devenir sincères; il faudrait que la base s'en fût lentement et laborieusement élargie; il faudrait que, dans le cours des luttes violentes et des nombreux bouleversements auxquels ces changements auraient infailliblement donné lieu, le nombre des prétendants au premier poste se fût sensiblement accru; il faudrait qu'il se fût accru encore par l'abaissement des trônes et l'élévation progressive des nations; il faudrait qu'entre les hommes capables de porter, sans sourciller, la vue sur la première place, cette place eût été, maintes et maintes fois, disputée, qu'elle eût passé de mains en mains, et qu'enfin les populations, lasses de voir ces mutations fréquentes, accompagnées de déchirements cruels, sentissent vivement et universellement le besoin de les simplifier. C'est alors peut-être qu'elles pourraient essayer de substituer l'élection régulière du chef de l'État à son élection à main armée. Mais le temps dont je parle là, s'il doit arriver, est un avenir dont l'Europe contemporaine est peut-être séparée par un intervalle de plusieurs siècles, et la réforme immense qu'il verra s'accomplir aura été l'accouchement le plus long, le plus laborieux, le plus sanglant qu'aura présenté jusqu'alors l'histoire des révolutions humaines. Qu'on nous parle après cela du gouvernement républicain, comme d'une chose simple et familière, qui entre tout naturellement dans les possibilités de ce temps-ci, et qu'on établira demain, après demain, quand on voudra.

» Après cela, il me semble qu'on se fait de singulières illusions sur les vertus de la république. Quand son établissement, avant l'avenir lointain où elle sera devenue possible, pourrait être considéré comme un progrès, croit-on que ce progrès impliquerait nécessairement tous les autres, et que, la république venue, tout le reste devrait immédiatement venir? Vaudrions-nous mieux sous un chef électif que sous un chef héréditaire? Ce changement de régime nous aurait-il corrigé de nos travers? Aurions-nous dépouillé le vieil homme? Serions-nous préparés à tous les changements que réclament nos seigneurs et maîtres les républicains? Est-ce que, sous un chef électif, comme sous un chef héréditaire, les grands pouvoirs de l'État, à moins qu'ils n'abdiquassent toute raison et toute prudence, ne seraient pas forcés, avant d'introduire une réforme dans les lois, d'attendre qu'elle eût été faite plus ou moins dans les idées et dans les habitudes? Et si, de par l'invincible nature des choses, il fallait procéder sous la république ainsi que nous procédons sous la monarchie, quel avantage si grand pourrions-nous espérer de ce changement de régime? Est-ce que la royauté nouvelle a tellement enchaîné les intelligences, tellement mis d'entraves à la manifestation des idées et à la réalisation des véritables vœux des peuples, que nous soyons réduits, pour faire des progrès, à nous placer sous l'invocation de la république et à l'appeler à notre secours?

« Ah! convenons plutôt qu'elle ne paraîtrait pas si rétrograde si elle n'était pas, en effet, si avancée, et si la haine des factions ne pouvait se servir pour travailler à la détruire des nouveaux et puissants organes qu'elle a donnés à la raison publique pour se perfectionner. »

Voilà, monsieur, ce que j'imprimais, il y a treize ans, étant préfet de la Somme, sous la tyrannie du roi Louis-Philippe Ier. Il paraît que je me faisais alors de mon temps et de mon pays des idées bien fausses, puisque je demandais des siècles pour l'établissement d'une république qu'on a pu concevoir et enfanter en quelques instants. Il est vrai qu'on a eu le bon sens et la loyauté de qualifier le nouveau *Gouvernement* de *provisoire*. On s'est cru obligé de reconnaître qu'il avait besoin d'être *ratifié* par la nation; et peut-être le juste respect dont on fait profession pour la majesté nationale aurait-il voulu qu'on se hâtât moins de prendre possession de la république, et qu'on attendît pour son installation définitive que la nation française l'eût régulièrement décrétée. Mais enfin on a une telle confiance dans le progrès de ses mœurs politiques qu'on ne doute pas que la république ne soit dans son vœu et dans ses moyens. A la bonne heure. Je déclare en mon âme et conscience que je serais encore plus heureux qu'étonné d'apprendre que mon pays est capable de pratiquer avec honneur un si difficile régime. Je ne saurais dissimuler, il est vrai, que je n'aie à ce sujet bien des doutes; et l'on conviendra que lorsqu'on accuse les classes moyennes de la nation d'avoir usé avec peu de désintéressement et de lumières des pouvoirs politiques que le précédent régime leur avait confiés, il est bien permis de craindre que ses classes les moins heureuses et les moins instruites ne tirent pas toujours de ceux qu'on vient de leur remettre un parti plus intelligent. Fasse le ciel que je me trompe! Je le désire, je vous assure, bien ardemment. Je serai d'autant plus satisfait d'apprendre que la monarchie française a pu, en quelques heures, être solidement transformée en république, que le succès d'une opération si considérable et si soudaine dispensera désormais, j'espère, les amis de la liberté de batailler pendant des siècles pour obtenir les réformes les plus justes et les mieux motivées; par exemple, l'affranchissement des cultes, celui de l'enseignement, celui de l'industrie, soumise encore à tant de règlements vexatoires, celui du commerce international, et surtout pour faire subir des modifications profondes à un régime administratif qui par l'exorbitant accroissement de ses attributions, le nombre toujours plus illimité de ses places, l'excès sans mesure et sans frein de ses dépenses, est devenu parmi nous une cause chaque jour plus active d'appauvrissement et de perturbation.

Je tâcherai, monsieur, puisque le pays veut mettre la main à des réformes sérieuses, de revenir sur ces questions. Mais, quoi qu'il arrive, et avec quelque bonheur que s'accomplisse la grande rénovation qu'on entreprend, il est une chose dont, pour la dignité de mon pays, je ne me consolerai jamais. C'est d'avoir vu congédier, avec la violence et la brutalité dont nous avons été les tristes et impuissants témoins, une royauté qui, après tout, et quelles que soient les fautes qu'on lui reproche, n'avait pas, que je sache, fait ses ordonnances de juillet, et sous laquelle la France avait joui, dix-huit ans durant, d'une paix profonde, d'une prospérité fabuleuse, d'une liberté assurément très grande en comparaison de celle que nous avaient donnée les régimes précédents; c'est d'avoir vu traiter ainsi un roi qu'aucun outrage n'avait su faire sortir de sa mansuétude naturelle, et qu'on avait pu tenter d'assassiner sept fois sans lui inspirer un seul moment le désir de se venger ; une reine qui était un modèle de vertu et de bonté incomparable ; une jeune veuve d'une âme si éminente et qui portait si dignement son malheur ; des jeunes femmes douées de tant de distinction et de grâce ; des princes si pleins d'intelligence et de courage, si Français et si nationaux par le cœur ; une famille enfin si affable, si accessible, si hospitalière, si noblement unie, si digne de servir de modèle aux autres ; c'est d'avoir vu les membres de cette famille soudainement dispersés, obligés, comme des malfaiteurs, de chercher leur salut dans la fuite, de gagner comme ils ont pu les côtes de France, et le roi, un vieillard de soixante-quatorze ans, réduit avec la reine à se sauver dans un bateau de pêcheur ; c'est d'avoir vu saccager, souiller, incendier ou tenter d'incendier leurs demeures ; et cela pour quels crimes, dites-moi ? pour quel coup d'État contre les garanties constitutionnelles du pays ? pour quels faits de corruption qu'on ne pût imputer indistinctement à tous les partis, et dont le pays, hélas! ne fût largement complice? Ah! les secrets instigateurs de ces odieuses vengeances auraient dû se souvenir au moins que la révolution de juillet n'avait pas traité avec cette fureur ignoble l'ancienne royauté, qui avait pourtant envers le pays et envers la liberté des torts bien autrement graves !

Il m'appartenait de faire ces douloureuses réflexions, à moi, monsieur, qui n'ai été, on le sait de reste, ni le courtisan, ni le favori de la dernière royauté, ni d'aucun de ses divers ministères. Il y a trente-quatre ans que je sers la cause de la liberté. Si, dans le cours de ces longues années, il m'est jamais arrivé de la trahir, je consens à perdre ce qui m'est le plus cher au monde, l'estime des hommes de cœur et de bon sens. Mais, si je ne lui ai jamais manqué, si j'ai montré quelque intelligence de ses intérêts et un inaltérable dévouement à sa défense, il me sera permis, j'espère, d'exhaler, dans cette triste occasion, comme je l'ai fait dans beaucoup d'autres, le légitime et profond chagrin que me cause la conduite des partis qui prétendent la servir par des moyens si détestables et qui peuvent appeler sur nous de si grands malheurs !

Agréez, je vous prie, etc.

Ch. Dunoyer.

FIN DES PIÈCES JUSTIFICATIVES.

www.ingramcontent.com/pod-product-compliance
Ingram Content Group UK Ltd.
Pitfield, Milton Keynes, MK11 3LW, UK
UKHW021102230726
13926UKWH00004B/1973

9 782013 441612